尤金·奥尼尔传

刘德环◎著

时代文艺出版社

图书在版编目（CIP）数据

尤金·奥尼尔传 / 刘德环著. —长春：时代文艺出版社，2012.1（2023.7重印）
（诺贝尔奖获奖者传记丛书）

ISBN 978-7-5387-3213-9

Ⅰ.①尤… Ⅱ.①刘… Ⅲ.①奥尼尔，E.（1888～1953）－传记 Ⅳ.①K837.125.6

中国版本图书馆CIP数据核字（2011）第256569号

出 品 人　陈　琛
责任编辑　余嘉莹
装帧设计　孙　利
排版制作　隋淑凤

尤金·奥尼尔传

刘德环 著

出版发行 / 时代文艺出版社
地址 / 长春市福祉大路5788号　龙腾国际大厦A座15层　邮编 / 130118
总编办 / 0431-81629751　发行部 / 0431-81629755
官方微博 / weibo.com / tlapress　天猫旗舰店 / sdwycbsgf.tmall.com
印刷 / 北京市一鑫印务有限公司
开本 / 710mm×1000mm　1 / 16　字数 / 140千字　印张 / 12
版次 / 2013年1月第1版　印次 / 2023年7月第3次印刷　定价 / 36.00元

授奖辞
Award-winning Remarks

由于他剧作中所表现的力量、热忱与深挚的感情——它们完全符合悲剧的原始概念。

——诺贝尔奖委员会

目录

尤金·奥尼尔1888年10月16日出生于美国纽约，是一位杰出的剧作家。全世界都怀着深切的敬意来怀念他，不仅仅因为他是四次普利策奖和1936年诺贝尔文学奖获得者，而且他还具有一种锲而不舍的探索精神。他一生兢兢业业从事戏剧创作，从不畏惧失败，也从不因赢得了无上荣誉而陶醉。他勇敢而又坚决地反对美国商业剧院的演出传统，以现实主义和表现主义相结合的严肃戏剧开创了美国现代戏剧的一代新风，为世界剧坛作出了重要贡献。

英国萨塞克斯大学马库斯·坎利夫教授是这样评价他的："尤金·奥尼尔作为美国的第一流作家，对于开创美国现代戏剧风格，作出了杰出的贡献。因此，他的作品代表了现代美国戏剧的几个主要趋向。其中最引人注目的一个特征，便是有意将单调朴实的现实主义散文同具有大胆创新精神的表现主义技巧结合起来，犹如亨里克·易卜生和伯托特·布莱希特合为一人。"

马库斯·坎利夫教授的评价恰如其分地说明了尤金·奥尼尔不愧为现代美国戏剧的奠基人，也公允地奠定了尤金·奥尼尔在世界剧坛上的地位。不过，从奥尼尔坎坷的一生，从奥尼尔不断为建立美国戏剧而进行探索和实验的坚毅精神来看，他的功绩不仅在于他能够冲破旧的传统，在戏剧技巧方面有所创新，从而为现代美国戏剧史写下了新的篇章。更重要的在于他勇于面对美国社会的现实，始终坚持反映社会底层的生活，敢于蔑视三K党的恐吓，不断揭露种族歧视以及贪婪和占有欲所造成的悲剧。

尤金·奥尼尔身处的美国是一个年轻的国度，其戏剧发展的历史自然算不得悠久。在殖民时期的美国，移植型的欧洲式戏剧占统治地位自不待言，就是美国建国之后，甚至直到20世纪初期，移植型欧洲式戏剧和商业剧院演出传统占主导地位的现象也从未改变。现代美国戏剧的真正发端和发展，现代美国严肃戏剧及其风格的诞生，实际上应该归功于尤金·奥尼尔及其同时代一批严肃剧作家的新剧实验运动。而这部传记无疑再现了这一段历史，而且生动地描绘了奥尼尔如何促成了各种不同戏剧风格和形式的发展，如何以其作品揭开了现代美国戏剧发展史的新篇章，如何使美国"几乎在一夜之间便赶上了欧洲"，并使美国戏剧的影响高于欧洲，甚至远及于世界上所有文明的国度。

这部关于尤金·奥尼尔的传记，以丰富的内容和翔实的资料为人们揭示了奥尼尔不幸的家庭背景、奥尼尔早年的生活、成年后漂泊四海几乎沦为乞丐的艰苦经历、与当时占统治地位的商业演出传统相对抗的"冒险生涯"，以及他的每一部戏剧的写作背景、剧作主题，乃至演出实验、演出后评论界的反应等等。尤其难能可贵的是这部传记摆脱了一般的作家评介、小传和作家轶事的传统写法，而将奥尼尔一家的悲欢离合、趣闻秘事和尤金·奥尼尔的喜、怒、哀、乐同他的戏剧创作活动有机地糅为一体，并以尤金·奥尼尔戏剧创作的源与流为主线，如实地再现了尤金·奥尼尔其人其事及其创作道路。因此，这部传记不仅对于研究尤金·奥尼尔戏剧创作道路及其作品特征极为重要，而且对于研究现代美国戏剧的发展以及风格的形成和演变同样重要。

第一章　百老汇大街的天才少年

我们生下来就是破碎的，我们在修补中活着。

——尤金·奥尼尔

1. 爱尔兰移民的后代

1888年10月16日在纽约百老汇大街附近的一家小旅馆里，尤金·奥尼尔出生了，在不久的将来他将成为美国著名的剧作家。而这些就发生在19世纪末20世纪初的世纪之交，这也是美国历史上的重要转折点。随着工业化的快速发展，美国进入了一个快速城市化的时期，一系列的社会问题随之产生。市民化的民众在中产阶级的影响下不断觉醒，他们共同发出了要求改革的呐喊，这也造就了奥尼尔日后的写作风格。

奥尼尔出生时的家在第43号街和百老汇大街上的一家家庭旅馆，从三楼上可俯视时代广场。旅馆离剧院区北部边缘一端约有一英里半。那时剧院区集中在第14号街周围，但是几年后，奥尼尔诞生的地方就布满了剧院。奥尼尔创作的悲剧，有几部后来就在这儿的其中几家剧院上演。剧院就是从奥尼尔诞生那年开始向住宅区延伸发展的。当时新百老汇剧院已经在百老汇大街和第41号街西南角上开业，由范妮·达文波特饰演萨多的剧作《托斯卡》中的主角。

尤金·奥尼尔的父亲詹姆斯·奥尼尔1846年生于爱尔兰基尔肯尼郡的托马斯城。詹姆斯·奥尼尔的父亲是托马斯·奥尼尔。1851年，托马斯·奥尼尔住在托马斯城的一个名叫格兰南山的小村庄里，拥有几英亩土地和一所住宅。奥尼尔一家是在19世纪中叶饥荒年代之后离开爱尔兰的。大约在1854年，由于贫困，他们乘坐下等舱，渡海到了这个"新世界"美国。这一家人到了纽约州的北部地区，在布法罗定居下来。詹姆斯有两个哥哥，他们在到达美国之后不久，就离家独自打天下去了。他还有两个姐姐和5个弟弟妹妹，一家人一直过着赤贫的生活。

在那个时代，肺结核被认为是降临在爱尔兰人头上的一种天灾，因为有很多爱尔兰人由于长年营养不良而虚弱不堪，以致死去。过了不久，托马斯·奥尼尔认定，要是他再多待些日子，就会死于肺病。于是，他抛下妻子和8个孩子，返回爱尔兰去了。父亲离家出走之后，詹姆斯作为留下来的最年长的男子汉，就成了一家之主，而且不得不去干活以养家糊口。

1865年，他受雇于埃德温·福雷斯特公司，以一个临时演员的身份头一次上台演出。他开始想要当个演员。詹姆斯和一些演员交上了朋友，并且跟他们谈到自己想演戏、当演员的事。其中有个演员鼓励了他，他对詹姆斯说："要是你想当演员，就得改掉爱尔兰腔，而且要学习怎样谈话。从莎士比亚的作品中学点东西，等我们明年来这儿的时候，让我来听听你念台词。"

第二年，詹姆斯在一次试听中背诵了《哈姆雷特》中的一段独白，于是他就被福雷斯特剧团吸收了。他以福雷斯特剧团一名成员的资格，在辛辛那提国家剧院首次登台演出了。他随着这个剧团在全国各地继续不断地进行巡回演出，直到剧团因资金困难而搁浅在内地某处。

然而，詹姆斯总算设法回到了辛辛那提，在一个叫鲍勃·迈尔斯上校的剧团里谋到了一个小角色的位置，没多久得到提升，充当配角，专门饰演一些仪表堂堂而无需演技的角色。他后来又到巴尔的摩·福特剧院，充当扮演少年重要角色的演员。在克利夫兰，他又重新加入了埃德温·福雷斯特剧团，在莎士比亚的著名悲剧《麦克白》中饰演重要角色。

1871年，他在芝加哥麦克维克剧院演出。他所在的剧团拥有夏洛特·库什曼和阿德莱德·尼尔森这样一些著名演员。詹姆斯跟埃德温·布思交替饰演奥赛罗和埃古两个角色。有一天晚上，当詹姆斯扮演奥赛罗的时候，布思转身对剧院经理说："这个年轻人演奥赛罗，比我演得更好。"经理把这话告诉了詹姆斯，他心里着实美滋滋的，一定要把这话记下来。他把这张纸放在皮夹里随身带了好几年，并且不论走到哪儿，总要以一种可以原谅的骄傲拿给人看。

1873年，詹姆斯加入了胡利在芝加哥的演出股份公司，扮演哈姆雷特和法国红衣主教黎希留，接着又去了旧金山。詹姆斯·奥尼尔是个虔诚的天主教徒。在青年时代，他甚至一度想去当教士，星期日他总是去做弥撒，甚至在他巡回演出期间也从不中断。但是，在他从事戏剧生涯的早期，有段时期，他偏离了教会严格的戒律，犯了错误，成了一个私生子的父亲。那孩子的母亲名叫内蒂·沃尔什，是个十几岁的、长着一头乌黑秀发的漂亮姑娘。这件风流韵事是在1871年夏天开始的。詹姆斯在芝加哥演出的时候，内蒂来看过他几次。詹姆斯企图斩断这种关系，但是内蒂·沃尔什坚持说，一个名叫阿尔弗雷德·汉密尔顿·奥尼尔的孩子，"小阿尔弗"是他的根苗。好多年里，詹姆斯断断续续地给她一些钱，但是从未结婚。

就在詹姆斯身居克利夫兰，同那姑娘瓜葛不断的时候，他跟托马斯·J.昆兰交上了朋友。昆兰是克利夫兰上街区一家大雪茄烟酒店的店主。由于这家烟酒店在剧院附近，演员常常顺路光顾。他俩都是爱尔兰人，都很健谈，而且都对不动产和投资感兴趣。在接下来的几年里，詹姆斯成了拜访伍德兰德街208号昆兰家的常客。就在昆兰家，詹姆斯初次邂逅了他朋友的女儿玛丽·埃伦，那时她才13岁，日后成了他的妻子。

2. 母亲埃拉·昆兰

尤金·奥尼尔的母亲埃拉·昆兰，于1857年诞生在康涅狄格州的纽黑文。1872年9月，这位独生女儿在15岁的时候，进了南本德的圣玛丽学校。圣玛丽学校创办于1844年，由法国圣十字架修道会的修女们管理。这所学校后来变成了圣玛丽学院，而今已是那一带最著名的一所女子学院。这所学校任何信仰的女孩子都收，而且只有半数人是天主教徒。学校教女孩子学拉丁语、现代语言、艺术、自然科学和音乐，其中包括竖琴、提琴、声乐和钢琴。埃拉学过钢琴，于是就成了一个有才艺的演奏者。在1874年和1875年两届的学生毕业典礼上，她都作了表演。

在复活节的假期，埃拉的父亲带她去看《双城记》的演出。当她看到詹姆斯·奥尼尔穿着漂亮的贵族服装被投进监狱时，她痛苦地哭了起来。日后，在谈到这件事时，她还经常说，她竟然哭了，真不好意思，因为她相信自己跟父亲走到后台去的时候，她的眼睛和鼻子肯定都哭红了。

1873年夏天，詹姆斯·奥尼尔去昆兰家做客，埃拉开始一本正经地跟他交谈起来。虽然詹姆斯·奥尼尔可能还没完全意识到，这个敏感的十几岁的修女已经把他当作比父亲的朋友更深一层的人，并且他们之间的关系也是十分融洽的。

埃拉对这个漂亮演员谈了她在女修道院的生活，而且向他吐露了她要当修女的秘密。詹姆斯·奥尼尔深表同情。他对她说："我只是因为父亲早逝，不得不去工作，我这才当上了演员而没成为教士。"

1874年5月，学期还未结束，埃拉便遭到她人生中的第一次打击。她的父亲汤姆·昆兰于5月25日凌晨3时与世长辞了，只活了41岁，他被安葬在伍德兰德街天主教公墓里。詹姆斯·奥尼尔是去吊唁汤姆·昆兰的许多老朋友中的一个，那年夏天他去安慰失去亲人的这一家人。在埃拉的脑子里，无疑她是要成为一个修女的。但是，她却堕入了情网。

3. 修女院走出的妻子

1875年，詹姆斯·奥尼尔对于任何姑娘来说，都是可能被爱上的一个吸引人的男子。他有着稳重和良好道德情操的声誉——他被认为是个虔诚的、身体力行的天主教徒。他跟埃拉·昆兰结婚时，一位同代人曾这样描绘他的外表："一个文静绅士，中等身材；体形匀称，肩膀宽宽的，站立时腰杆笔直。他有着一头黑发，一对乌黑的眼睛，肤色黑黝黝的，蓄着一撇浓浓的小胡子，一口白牙整齐而漂亮。他知道如何显示自己外表上的优点。不论是在台上、台下，他的穿着都很得体、大方。"

他似乎不愿与一般的男女演员为伍，而他们也总觉得不那么容易同他接近。可又有人说，他对待演员非常友好，乐于帮助他们开创事业。大家众口一词，说是世界上没有一个演员能像詹姆斯·奥尼尔那样走下舞台，特别是走下盘曲的边梯。他触摸栏杆扶手的方式、那种踌躇或者笔直朝前走的步态、向旁边瞟上一眼的神情、微微翘起下巴的风度——每个动作、手势和眼色都使他所塑造的角色增添风采。他的声音异常悦耳、洪亮。他的一个同事威尔顿·拉凯说过："詹姆斯·奥尼尔具有得天独厚的一副好嗓子。"

虽然传说詹姆斯·奥尼尔"是从一所修女院把他的妻子拉出来的"，可是从他们相互邂逅到结婚，其中间隔有六年之久。1875年，他到达旧金山，加入了胡利喜剧剧团。该剧团在布什大街上的马圭尔歌剧院，后来成为标准剧院，开张演出。1876年到1877年的秋冬两季，詹姆斯演出了一部法国惩恶扬善的戏剧《两个孤儿》。

纽约戏剧评论家并不为他的魅力和漂亮面貌所折服，这未免伤了他的自尊心。毕竟还有一位旧金山的评论家写下了这样一段评论："他漂亮的容貌、明亮的黑眼睛，他那绝妙的舞台风度、别致而具有吸引力的个性"乃是他"迅速成长为戏剧明星"的原因。1877年5月，剧院演出一整套莎翁的戏剧。他与名演员阿德莱德·尼尔森同台演出。有人用《长夜漫漫路迢迢》一剧中的一句台词猜测，当时埃拉感到自己同尼尔森小姐成了情场上的对手。"我自己在想……"埃拉一面照镜子一面暗自说,"你的美貌足以跟他所遇到的任何女演员抗衡,而且需涂抹脂粉打扮一番。"

埃拉从圣玛丽修女院毕业之后,和母亲布里奇特来到纽约定居。为了同詹姆斯·奥尼尔重修旧好,埃拉托了她家的一位男朋友带她到后台去看望詹姆斯·奥尼尔。事前不久,有报道说,女演员路易丝·霍桑由于单相思,失恋于詹姆斯,而在芝加哥一家旅馆跳楼。这一事实并未减损埃拉的热情。詹姆斯发现,他本人也堕入了情网。于是詹姆斯和埃拉一起对布里奇特说,他们要结婚。昆兰的亲戚也罢,布里奇特本人也罢,都不赞成这门亲事。不过最后埃拉还是按自己的方式行事。

围绕埃拉和詹姆斯婚事所发生的一些情况,跟《长夜漫漫路迢迢》中所暗示的多少有点不同。有一件事,就是埃拉的父亲汤姆·昆兰已经过世。所以这是一次朴素的婚礼。埃拉像在《长夜漫漫路迢迢》的舞台上,穿一身漂亮的结婚礼服,那是很可能的。布里奇特从昆兰的遗产中抽出1000美元为埃拉置备嫁妆。他们在曼哈顿"迈尔女士"商店开了个账户,埃拉不得到最好的服装是决不满足的。

但是,这次婚礼不仅仅是朴素,而且是秘而不宣的。詹姆斯倒不是过于担心从此可能失去未婚的、使女观众倾倒的风流小生的魅力。他主要是不想在他的前情人内蒂·沃尔什和被指为他儿子的阿尔弗雷德·汉密尔顿方面激起任何情感上的波澜。詹姆斯和埃拉在埃拉的母亲、兄弟和叔父陪同下,在东12号街"上流社会教区"的圣安天主教堂,由托马斯·F.林奇神父主持婚礼。

婚礼以后,詹姆斯·奥尼尔和埃拉·昆兰就到旧金山去了,詹姆斯在那儿参加了E. J. 鲍德温的演出公司。埃拉并没有同那些男女演员混在一起，因为她认为一个有良好教养的姑娘是不该跟演戏有交往的。她开始变得孤单了，而且随着时间的推移，她越来越孤单。她作为一个演员的妻子整日守在旅馆里。

4. 尤金·奥尼尔出世

1887年接近圣诞节的时候，埃拉怀孕了。尤金·奥尼尔的出世是一次难产，随后他母亲有一段时间生了病。尤金这个名字讽刺意味十足，含义是"出生良好"。一个旅馆医生显然不了解埃拉患病的性质，就开了吗啡处方。这至少一直伴随着小尤金，最后给编进《长夜漫漫路迢迢》这部剧中的一段传说。但是那时的许多具有专利权的药品都含有麻醉剂，他母亲的毒品癖可能即来源于此。

奥尼尔的父母带着他去巡回演出。"我最初的7年。"奥尼尔写道，"主要是在美国各地的大城市度过的——我母亲陪着我父亲在旅途中巡回演出《基督山恩仇记》及其他的保留剧目，孩子应该有个固定而像样的家，而我呢？不妨这么说，从一开始，我就当上了巡回演员。我所见所闻的，就是演员和舞台。我母亲是在厢房和化妆室里照料我的。"

有个苏格兰保姆看护奥尼尔，直到他长到7岁。保姆给他讲的恐怖故事和最新的谋杀事件，直到最吓人的"悲惨片段，都是她用古怪的想象力信口编造出来的"。奥尼尔回忆起这些年月时，常把它看做是一系列只作一夜停留的短暂演出，没完没了地守在戏台边厢里，待在肮脏的化妆室内，乘坐令人窒息的火车，以及下榻在下等旅馆里。然而，上了年纪的那位詹姆斯·奥尼尔，在他儿子成长起来的年月里，在美国舞台上一直是人们崇拜的偶像。对于被装进麻袋投入大海的基督山，撕破那麻袋，人们是百看不厌的。

奥尼尔回忆道："现在我仿佛仍看到我父亲浑身湿透，沾满盐粒和锯木屑，爬上一张凳子，那凳子前面的布景就是激荡翻滚的海浪。接着那些装在顶层楼座上面的电石灯就照在他那长长的胡须和褴褛的衣衫上，随着他向前伸出双臂，他便宣告，世界是属于他的。接着整个剧院爆发出一阵震耳欲聋的掌声，完全盖住了后台制造的暴风骤雨声。"

尤金·奥尼尔父亲的那个戏剧所描绘的一切，煽起了年轻的奥尼尔对充满虚伪感情的世界的憎恨。后来，他懂得了，他所看到的仅仅是时代的反映——善总有善果，恶总有恶报。非此即彼，没有折中的余地；一个男人要么是英雄，要么就是坏蛋，而一个女人不是贞节善良的，就是卑鄙可耻的。

詹姆斯·奥尼尔试图以舞台上的浪漫色彩和荣誉来鼓舞他的两个儿子，而且他最大的雄心就是要看到他们追随自己的足迹去做演员。但是奥尼尔日后回顾这一点的时候认为，这几乎是非人道地强迫他们屈从于他的意志。几年以后，尤金曾经说过："它使我想起了耶稣会教士所受的压制，使我想起了常说的那句话：'把孩子交给我，让我带到7岁，然后你可以把他带走。'当然，这些话的意思是，到时候他就会忠实于你灌输给他的信仰了。"

就老奥尼尔的情况来说，他想建立一个戏剧世家王朝的热望是可以理解的，凭他的演技——不管他的儿子们对他的演技艺术价值有何看法——他已为家人提供了极好的生活条件，每年收入高达4万美元。

5. 天才少年的成长

尤金是在美国戏剧的黄金时代成长起来的。一些人口尚不满两千的小城镇，也上演了由专业人员演出的莎士比亚剧作。全国各地都张贴了海报，预告埃德温·布思饰演哈姆雷特，玛丽·安德森饰演朱丽叶，劳伦斯·巴雷特饰演卡修斯，克拉拉·莫里斯饰演卡米尔。

在1880年到1900年期间，全国各地的巡回演出公司比任何时候都多。演员人数从5000人增加到1.5万人。当尤金到了该上学的年龄时，他的父母选择了纽约雷弗戴尔区由修女会主办的圣文森特山寄宿学校。就在这儿，他曾接受了天主教正统教义，汲取了强烈贯穿在他剧作始终的天主教良知。他懂得了，尽管人是由于基督受难才得以赎罪的，但人还是具有自由意志和选择的自由的；不过他也懂得，上帝知道他的造物的未来。注定的命运和自由意志之间的冲突，乃是作为一名剧作家的尤金成长过程中的一个本质因素。最后他终于相信，人的命运早就注定了；不管有没有自由意志，人总是不可抗拒地要走向毁灭的。

当尤金12岁升入六年级时，他被认定要做好准备接受他的第一次圣餐礼。这时他的父亲决定暂时中止长期扮演的基督山这一角色，而在纽约主演另一部大仲马小说的改编本《三个火枪手》。尤金拿到了免费票，他邀请了三个同学跟他一起去观看。圣文森特山寄宿学校的一位修女对他们到那家邪恶的剧院看戏感到如此震惊，以致拒绝让尤金和他的朋友领受第二天早晨举行的圣餐礼。对于尤金来说，他经历了一次沉重的打击，不仅仅是因为他感到自己没做什么错事，而且因为那位修女采取的惩罚方式暗示出他父亲在教会眼里看来是坏人。这种体验无疑加重了他终生所感到的那种卑微的感情。他此时已经意识到，他被领到这个世界上来，就是为了要接替埃德芒的。

尤金对他在圣文森特山寄宿学校认识的男孩子们总是怀有一份特殊的情谊。和他同住一室的是个名叫约翰·A.麦卡锡的男孩。他俩对吉卜林的《林莽之书》有着很高的热情。修女马里蒂和冈蒂加总是把他们排在一起。他的同期同学都意识到尤金是个"名演员"的儿子，除此之外，和别的男孩子没什么两样。

1900年，尤金在圣文森特山寄宿学校待了三年之后，进了纽约市第59号街的德·拉·萨利学院，成了寄膳走读生，第二年才在那儿寄宿。

当尤金在德·拉·萨利学院寄膳走读而他家住在纽约一所公寓里的时候，他又遇到了自己性格形成期经历的一次最沉重的打击。一天下午，他从学校回到家里，发现他母亲正要用一支皮下注射针头在手臂上打一针吗啡。他父亲和哥哥向他清楚地解释了为什么他母亲看上去会这么怪，然而这却加深了他的内疚感。

尤金了解到，一个医生为了减轻他母亲生他时的痛苦，曾经开了吗啡处方。在《长夜漫漫路迢迢》这部剧本中，他谈到母亲对吗啡上瘾的情况时写道："天哪，这把一切全都弄糟了。"哥哥杰米告诉他，当他们的母亲戒毒的时候，她几乎发了疯。这就是为什么在新伦敦时一天夜里她会穿着睡衣从家里跑出去，想要从码头上跳河的原因。

1902年秋天，他转学进了康涅狄格州斯坦福德的贝茨专科学校，当了寄宿生。这所学校的主要目的在于使孩子们进入"常春藤"名牌学院。尤金很快就进入了角色，他头戴一顶有学校彩色标志的草帽，尽量打扮得整整齐齐，干净得一尘不染。这一次他以事实证明了自己是勤奋好学的。

在贝茨预科学校期间，尤金显然能够进一步熟悉纽约。他的哥哥杰米有个还不太明确的志向，就是要当个新闻记者。在这一时期，杰米已经是百老汇各种沙龙里人人熟识的常客了。在歌舞团的姑娘当中，他有大批熟人，并且以开导弟弟为己任，向他灌输处世之道。

1906年6月，尤金从贝茨预科学校毕业了。他成绩优异，可以进入普林斯顿。他还不满18岁，还不知道自己这一生打算干什么。从学问上来说，尤金具备了升入学院的条件。可在思想感情上，他还很不成熟，极不适宜在这类大学就学。普林斯顿学院长期保持着一种牢固的传统，即纵饮和普遍闹纠纷的传统，这对这一时期的尤金·奥尼尔很难说是个合适的地方。他不会在普林斯顿长待下去的。

第二章　第一次踏入婚姻的围城

一个没有在帆船上经历过航行的人，算不得真正出过海。

——尤金·奥尼尔

1. 陷入情网

尤金·奥尼尔对自己的母校普林斯顿学院印象并不是很深刻。1907年，大学快结束时，他在纽约市西区一条偏僻的街道上跟他的朋友弗兰克·贝斯特一起租下了一套公寓。

面临尤金未来的生计问题，老奥尼尔说，现在得由他儿子决定安顿下来参加工作了。他在一家邮购所替尤金·奥尼尔安排了一个工作，他用妻子的钱在那家邮购所下过一些本钱。尤金获得了总经理秘书这一荣誉头衔。他回忆说，这家商行出售"一毛钱的珠宝、作为奖品送给孩子们所谓的唱片，以及供女小学校姑娘们使用的蹩脚小玩意儿。"薪金少得可怜。在以后的几年里，尤金讨厌这种工作。他在读书——读杰克·伦敦的每一部作品，他梦想去遥远的地方当一名幸运的士兵。

突然有一天，他发现自己坠入了情网。那个姑娘名叫凯思琳·詹金斯，跟着她的寡居母亲住在西区角的北部。她母亲出身于纽约的名门世家，祖父辈是纽约股票交易所的创建人之一。詹金斯太太还自称是历史悠久的科西嘉贵族的后裔，而且她说她的一位祖先是定居曼哈顿岛的第一个白人女子。

凯思琳是个非常迷人的姑娘。她身材修长、匀称，而且"皮肤像蜜一样细腻，头发乌黑，眼睛漂亮"。事实上，凯思琳吸引力很大，在她遇到尤金·奥尼尔之前就当上了一位艺术家的模特。这对于一个已经进了上流社会精修学校的姑娘来说，是非同寻常的，可这姑娘家里并不富有。

当时的尤金几乎每天跟普林斯顿和其他名牌大学的一批小伙子以及纽约的一些"漂亮"姑娘混在一起。他通过住在一起的弗兰克·贝斯特认识了凯思琳，尤金狂乱放任出了名，于是弗兰克和别的朋友都竭力促使他跟凯思琳结婚，因为"凯思琳是个漂亮姑娘，我们觉得那样可以使尤金安顿下来"。显然，尤金也很想跟凯思琳结婚。但是，当他把这事告诉他的父母时，他们却强烈地表示反对。尤金·奥尼尔还没有足够的钱来养活一个妻子，这姑娘不是个天主教徒，再说她的父母又离了婚。杰米也以尤金年轻为借口而反对这门婚事。

虽然詹金斯太太极不赞成这桩婚事，可英俊的尤金对凯思琳来说显然是无法拒绝的。就在1909年夏天，尤金和凯思琳渡河到了新泽西州的霍博肯城，在那时的"格瑞那格林"村结了婚。婚礼在华盛顿街的主教派教会礼拜堂举行，由威廉·伯纳德·吉尔平牧师证婚。他们回到纽约以后，把结婚的事告诉了他们的父母，詹姆斯、埃拉还有詹金斯太太全都暴跳如雷。虽然这两个孩子过起了婚姻生活，但是他们并没有在一起生活几个星期，因为没过多久尤金就离开了，他参加一个金矿探险队，到拉丁美洲洪都拉斯去淘金了。谁也不能确切地知道这究竟是他本人的计划，还是他父亲的计谋。尤金希望发一笔大财，然后回来定居。无论如何，不管有没有这种打算，这次远走高飞标志着他第一次婚姻生活的结束。

2. 冒险家的生活

尤金·奥尼尔是在1909年10月初与史蒂文斯夫妇从旧金山渡海去中美洲的。显然，他同史蒂文斯夫妇有着一项非常模糊的财务上的协议安排，因为他后来曾经写信给他的父亲，询问史蒂文斯夫妇是不是打算付钱给他，接着他还说，他希望不是为了爱情而忍受这次旅行的艰苦，尤金·奥尼尔谈到史蒂文斯时说："这家伙拥有洪都拉斯政府授予的一条河流的特权。他打算开发这条河——在文明国家中这类事他们是不许干的。这是我头一回自己单独旅行，我期望去多搞一些丛林射猎。我右肩上背着子弹袋，带上了一支30-30温彻斯特式连珠枪和一把中美洲人当武器用的大砍刀。"

当尤金离开美国的时候，他父亲已经去巡回演出一部作品——《白人姐妹》。杰米也在巡回演出剧团，在一出戏里担任主角，而且就像往常那样喝酒喝得很凶。他有时会给他的小弟弟寄上一张明信片。尤金患了思乡病，他给父母写了很多信。他说，他过去从来没想到自己会这么厉害地惦念爹妈和家里。他在一封信中还请他父亲谢谢约翰，因为这位他认识的酒店老板给他写了信。

尤金·奥尼尔发觉，这种冒险家的生活实在令人失望。他忍受着跳蚤的叮咬。他憎恨吃那种主食：炒饭和咸干肉，那也是油煎的，而且粗硬得就像吃皮带。以后他常喜欢说，上帝肯定先创造了洪都拉斯，然后才获得创造地狱的灵感的。他说，当地人是一帮最懒、最贱、最蠢的两条腿动物，那些人玷污了一块土地。他在瓜乌伊尼基镇度过了圣诞节，他把那天说成是他曾经熬过的最沉闷、最凄凉的一天。圣诞节的晚餐他吃的是豆类、未经发酵的油炸玉米饼、一只鸡蛋和柠檬叶子酿成的茶。

不过，这结果成了一次冒险旅行。尤金和史蒂文斯夫妇深入了洪都拉斯的一些地区，那儿以前很少有白人去过。他们骑在骡子背上，深入内地一百多英里，靠野猪、猴子，还有靠"希望"为生。接着他们就开始进行勘探。

在同史蒂文斯夫妇和几个友好的印第安向导一起度过了6个月沉闷而又死寂的生活之后，尤金对中美洲的荒原感到厌倦了。他由于染上疟疾而垮了下来。尤金骑着骡子，由一名向导陪同，穿过丛林走了10英里，到达洪都拉斯首都特古西加尔巴。当这一队浑身泥泞的人来到城里时，他们发现这里第二天将举行盛大的节日活动，所有的旅馆全都客满了。尤金就像任何一个美国旅游者那样跑去向美国领事馆求援了。领事坚决要求尤金立即去他家休息，尤金在那儿熬过通常最厉害的疟疾寒热。那种疟疾寒热是很难熬的，因为特古西加尔巴位于海拔高度3000英尺以上，夜里非常冷。由于那位领事没有足够的毛毯，他就用许多美国国旗给他的年轻病号盖在身上。

3. 第一次婚姻的结束

1910年5月5日，当尤金在洪都拉斯的时候，凯思琳给他生下了一个儿子，凯思琳给这孩子取名叫小尤金·格来斯通·奥尼尔。据詹金斯太太说，埃拉和詹姆斯·奥尼尔来她的公寓，怀里抱着他们的第一个孙子。但是，不管他们对这个婴儿的感情如何，他们反正没有变得宽容一点。当他们最初听到这桩婚姻的时候，他们就打算把它废除掉。因为他们是如此虔诚的天主教徒，他们完全有可能觉得自己的儿子这桩由主教派教会主持的婚礼算不得真正的婚礼。不过，凯思琳的母亲曾经披露说，年长的那位老奥尼尔曾经同他的儿媳妇进行了一场不同寻常的激烈争论——他说："你跟尤金结婚是为了什么呢？他不过是个不中用的醉鬼！"

尤金在他的儿子诞生后几个星期回到了纽约。他穷得身无分文，而他的父亲、母亲和哥哥都去巡回演出了。他已经21岁，可一事无成，到处碰壁——普林斯顿、他在纽约的工作、淘金的冒险乃至他新近的婚姻。他穷困潦倒，在富尔顿街和诺思河河边"吉米牧师"酒馆弄了一间屋子。小尤金听他祖母说，父亲趁凯思琳外出时来到居民区，问詹金斯太太，他是不是可以看看他的儿子。奥尼尔把那孩子抱在怀里，哭了。但是他并没有想要见凯思琳。

小尤金从他父亲那儿也听到过这个故事，只是他父亲作了进一步的引申。奥尼尔告诉他，他离开了詹金斯的公寓，一路走到巴特里。就在那儿坐在长凳上，试图决定自己该怎么办。他养不起自己的妻子，而且他的家庭反对这门婚事。他对他的儿子说："这是我一生中情绪最为消沉的时刻。"他反复考虑过要自杀。最后他买了一些佛罗那，走到他在"吉米牧师"酒馆的那间屋子里，服用了超剂量的安眠药，躺下等死。

奥尼尔显然也把同样的故事讲给了他的朋友内森听。"在碰上了爱神丘比特时所蒙受的情感上的不幸。"内森写道，"加重了奥尼尔思想上的负担，而且——现在可能已被告知——在奥尼尔的一个朋友詹姆斯·比思自杀之后的一个月左右，这个要变成美国第一流剧作家的男子汉企图跟着学样，用一剂超剂量的佛罗那去干同样的事。"

第二天下午，当奥尼尔没有在酒吧间里出现的时候，他的一些朋友就到他的房间去了。他们想把他叫醒，但没有成功，就召唤来一辆救护车。奥尼尔被送进了贝尔维尤医院，他的朋友在旁边担心地看着，两个实习医生给奥尼尔做了一小时的检查治疗，直到他被抢救过来，有了生机。当奥尼尔一有了恢复知觉的迹象时，他的朋友们离开了，说过一会儿再来。

尤金从洪都拉斯回来以后没有去看凯思琳，肯定是有道理的。他的父母、凯思琳的母亲也一样，都为这桩婚姻感到苦恼，而且每个人都希望结束这桩婚姻。詹金斯太太提供了办离婚的资金。1912年10月11日，离婚就被批准了。凯思琳拥有了"单独扶养、监护和管教小尤金·格来斯通·奥尼尔的权利"。

奥尼尔一生中最奇特和不为人所知的事件就这样结束了。人们至多只能猜测尤金和凯思琳为什么会一度结了婚。他们是真的相爱，抑或整个事情像几年以后奥尼尔曾经说过的那样，是一种"错误"吗？毋庸置疑，尤金结婚成家的条件还不成熟。他是个非常漂亮、坐卧不宁和性情反复无常的年轻人，并没有准备安顿下来过安定的生活。事实上，尤金·奥尼尔从来就没有过安定的生活。那一段时期的凯思琳又如何呢？人们只晓得她是个漂亮的、贵族出身的"好姑娘"。

1915年，凯思琳嫁给了纽约一家大广告公司的会计安特·史密斯，迁居到长岛的道格拉斯·顿。小尤金就在相信自己是安特·史密斯所生的情况下被扶养长大。他也相信，他的继父史密斯和前妻所生的孩子——他的隔山兄弟，是他的亲兄弟，他们彼此是友爱的。到了1921年，即小尤金11岁那年，剧作家才和他的儿子见面。

4. 水手生涯

离婚后的尤金回到了自己的家乡，并很快以一名水手的身份与一家船务公司签订了合同，登上一艘驶往布宜诺斯艾利斯的挪威帆船。去布宜诺斯艾利斯的旅程，花费了65天。奥尼尔干的是一个水手干的日常零星工作，他擦洗甲板、攀登帆索和瞭望。他像其他人一样，靠吃硬饼干和鳗鱼干过日子。在布宜诺斯艾利斯，付清工资后他被解雇，便在码头上和海滨下等酒馆里闲混，直到把钱花光为止。

尤金与其他海员以及在海滨垮掉的一些人交上了朋友，并且喝酒喝得很凶。弗兰克·贝斯特曾经说过："奥尼尔从来就不是个叫花子，也不是个借债的人。他常到那些叫花子和海员们去的地方了解真情。"确实，在这一段时间里，奥尼尔获得了一些印象、观感，这些观感后来被他出色地运用到一些关于海的独幕剧中去了，但是，"这并不能说明他当时就在有意识地搜集资料，因为他写海洋题材的剧本之前至少有两年时间一直在写别的题材。"跟流浪汉、叫花子、酒鬼在一起——或者确切地说，跟失败者在一起，尤金觉得无拘无束，就像在家里一样，因为他觉得自己就是个失败者。

在布宜诺斯艾利斯把钱花光了之后，他靠吹牛说自己是个制图员而在威斯汀豪斯电器公司当地分公司找到了一个工作。当经理叫奥尼尔去干描蓝图的工作时，那个经理很快就明白了他原来不是个制图员。六个星期之后，尤金再度失了业，便移居到"阿根廷的芝加哥"——拉普拉塔。他在那儿的斯威夫特公司里找到了一份工作，在选分、贮藏牛皮的仓库里干活。后来他曾经生动而又详细地回忆"那种气味"是怎样"钻进他的衣服、嘴巴、眼睛、耳朵、鼻子和头发的"。当这个仓库被焚毁的时候，这个工作也就戏剧性地结束了。

5. 回到美国

1911年，尤金回到美国时，是23岁。他还是那么放荡不羁，喜欢在酒吧间里喝酒、背诵诗歌并跟"受大家欢迎的人"建立热烈的友谊。他喜爱读书，但是他对人生的见解并不深刻。他特别喜爱的作家是杰克·伦敦、康拉德和吉卜林，他在自己的许多剧作中引用这些作家的话。尤金回美国乘的那艘又脏又破的不定期轮船，在他的剧本中成了"格伦凯恩"号轮船。他早期描写大海的剧本，就是以《格伦凯恩始末》为题而闻名的组合剧本。

那艘船在纽约的诺斯河码头上靠岸以后，尤金又租下了傍河的吉米牧师酒馆的一个备有家具的房间，他大部分时间就在那儿谈论、倾听和饮酒。尤金1924年曾经说过：这地方就是《安娜·克里斯蒂》剧作中约翰尼牧师活动场所的原型。吉米牧师是如此亲昵的一种称呼，因为业主吉米有着苍白、瘦削和胡子刮得精光的一张脸，有着柔和的眼睛和白头发，"似乎换一身教士长袍反比酒吧间伙计的围裙更合适。"

1912年，尤金再次以一名强壮水手的身份登上了美国轮船公司的"纽约"号轮船，出海驶往英国的南安普敦。这是他最后的一次航行。他的月薪是27.50英镑。他回来乘的是北大西洋轮船公司的"费城"号轮船。他在纽约离船，拿到了离职证明书，上面指明他是"一等水手E. G. 奥尼尔"，他非常珍惜那张证明书，仿佛是一张奖状——从某种意义上说，确实如此。每当他把那张证明书拿给朋友看的时候，他就会叹息着说："这是我最后一次在船上工作。"这是他受教育的结尾，是他自认为是在自己人当中生活的结束。几年以后，尤金对一位记者说："他们是我曾经遇到过的最好的朋友。"

为了庆祝他回到本国，奥尼尔在吉米牧师酒馆举行了一次聚会。两三天后，在新奥尔良附近的火车上，他悔悟了，当时《基督山恩仇记》正在新奥尔良上演。《基督山伯爵》是法国小说家大仲马的代表作。这部剧作对于尤金的创作之路产生了重要影响。小说的主要内容是：1815年2月底，"法老号"远洋货船年轻的代理船长爱德蒙·堂泰斯回到马塞港。老船长在途中忽然病死，他曾经托堂泰斯将轮船开到一座小岛上去见正在被囚禁中的拿破仑。拿破仑拜托堂泰斯给他的一个亲信带一封密信。堂泰斯这一次回国可谓是春风得意：他已经做好准备要同相爱几年的女友梅塞苔丝结婚，然后一起去巴黎。但他万万没有想到，一场厄运正在悄然等着他。

在货船上作为押运员的唐格拉尔一心要夺取堂泰斯的船长地位，堂泰斯的情敌——费尔南多对他可谓又嫉又恨。结果两个人狼狈为奸，费尔南多将唐格拉尔的一份告密条送到了警察局。正当堂泰斯将要举行婚礼之际，他突然被捕。审理此案子的检察官是维尔福，他看到密信的收信人正是自己的父亲。为了保住自己的前途，他判决堂泰斯为政治犯，把他投入了孤岛上的死牢。堂泰斯在死牢里苦苦度过了14年的时光。开始的时候他仍然坚信自己的清白。然而随着时间的不断推移，他彻底失望了，甚至有了轻生的念头。

有一天，他忽然听到有人挖掘的声音，原来是隔壁牢房的老神父正在偷偷挖地道，由于计算错误，地道的出口恰好在堂泰斯的牢房。两人相遇之后，老神父给他分析了遭遇，堂泰斯开始明白陷害自己的仇人是谁了。在神父的帮助下，堂泰斯学会了许多科学知识，并得知了一个惊人秘密：在一个称为基督山的小岛上埋藏着巨额的财富。

有一天，老神父突然病死了。堂泰斯按照老神父的嘱咐，偷偷躲进了老神父的裹尸袋里，而老神父真正的尸体正躺在堂泰斯的牢房，就这样堂泰斯成功逃出了监狱。堂泰斯游到了附近的一个无名小岛上，一只走私船救了他的性命。他最后在基督山岛发现了宝藏，堂泰斯一下子就成了一名亿万富翁。现在的他只想报恩和复仇。

经过多方打探，他弄清楚了唐格拉尔、费尔南多和维尔福陷害自己的真相，并得知未婚妻早已同费尔南多结了婚。随后，堂泰斯重新回到了巴黎。他对外说自己是基督山伯爵。此时的维尔福、唐格拉尔、费尔南多都已飞黄腾达。基督山伯爵的第一个目标就是费尔南多。费尔南多为了谋得私利，坏事做尽。基督山伯爵早就掌握了他的历史，借助别人的名义在报纸上揭发了费尔南多在希腊出卖和杀害了阿里总督的真相，由此引起了议员的质询。

在听证会上，阿里总督的女儿海黛出席作证。审查委员会认为费尔南多犯下叛逆罪与暴行迫害罪，这让费尔南多名誉扫地。费尔南多本来想让儿子阿尔贝与基督山伯爵决斗，以此化解心头之恨，但他的妻子也就是堂泰斯的未婚妻早已认出了基督山伯爵的真实身份，她将事情的真相告诉了阿尔贝。最后阿尔贝决定同母亲一起不辞而别，远走他乡。

无比愤怒之下，费尔南多自己去找基督山伯爵进行决斗。基督山伯爵最后说出了自己的真实身份。费尔南多得知自己的妻子和儿子离家出走，极度悲伤之下开枪自杀了。随后，基督山伯爵又成功地将唐格拉尔、维尔福置于死地，报了血海深仇。

基督山的故事让尤金·奥尔金真正受用还是日后，眼下的他却被现实的经济问题困扰，不得不靠父亲帮忙。尤金·奥尼尔的父亲詹姆斯·奥尼尔一点钱也不给尤金，但是他为尤金·奥尼尔提供了一个工作。演员表上有一个演员失踪了，混进了法国区纸醉金迷的黑窝里。这个演员一直在演两个角色，一个是监狱看守，一个是宪兵。年轻的尤金接替了这两个角色。扮演那个宪兵，他的胡子就捻到两边胡子尖向上翘，扮演那个监狱看守，胡子就自然下垂。在随同剧团前往西部的火车上，他学会了演这两个戏份不多的角色。

当詹姆斯再次抱怨他是个很糟的演员时，尤金回答说："奇怪的是在《基督山恩仇记》这样的戏剧中，我竟然什么都能干。"然而，他在自己的朋友面前总是承认，他是个糟糕透顶的演员，并且说，他憎恨演戏。

詹姆斯·奥尼尔实际上在巡回演出中一个晚上表演了两场戏，一场是在剧院演出的，另一场是在附近的一个酒吧间演出的。他会向酒吧间伙计致敬，缓慢地扫视着四周，微笑着，然后说："以基督山伯爵的名义致敬！"在他款待了到场的人之后，隔一会儿，他会再一次叫喊着说"以基督山伯爵的名义致敬"！于是房间里的每一个人都会站起来，举起杯子，为"基督山伯爵"敬酒。在这次演出中许多次"再来一个"之后，詹姆斯·奥尼尔有时不得不让人背他到旅馆房间里去。尤金·奥尼尔是许多次这类场面的见证人。

在1912年这次巡回演出中，尤金和詹姆斯由于《基督山恩仇记》一直在各个小镇之间演出，心里厌烦得要命，于是他们就开始谋划怎样回到纽约去。尤其是杰米，患起了想百老汇大街的思乡病。一天夜里，当他们的父亲表演他那杰出的《世界是我的》这场戏时，他们就守候在舞台上悬吊布景的地方，在这场戏里，他拍着自己的口袋，暗示他的富有。

詹姆斯一离开舞台，他的儿子们就告诉他，他饰演得多么美妙，特别是暗示他多么有钱那一部分。他能不能把去纽约的火车票钱给他们呢？杰米和尤金过去经常在酒吧间讲这个故事。当被迫而谈的时候，尤金承认那是他们自己虚构出来的。这个故事的另一种说法是：詹姆斯·奥尼尔把自己衣服的口袋翻出来，为的是向他的两个儿子证明，他没有财力来满足他们的要求。

第三章 『长夜漫漫路迢迢』

在荒野中，有你在我身旁咳嗽，荒野就是十足的天堂！

——尤金·奥尼尔

1. 吸毒的母亲

尤金·奥尼尔的剧本《长夜漫漫路迢迢》可以说是他的一本自传。该剧以提罗恩一家的悲惨遭遇为切入点，提罗恩是一位十分优秀的演员，在他小时候，全家由爱尔兰搬迁到美国。提罗恩的父亲来到美国后很快抛弃了年幼的孩子和妻子，又独自一人回到了爱尔兰。这使得提罗恩经历了十分艰难的童年岁月。在提罗恩的演员生涯中，因为他奉行一美元的生活策略，使自己最终毁灭了演艺艺术生涯。

提罗恩的妻子是一位非常貌美的女人。在与提罗恩结婚后，长期与他奔波各地，饱尝了颠沛流离的生活艰辛。当第二个孩子出生之后，因为她要陪提罗恩到外地演出，孩子不幸夭折。提罗恩的夫人从此开始有了精神焦虑，随后她又生下了埃德蒙德，由于身体非常脆弱，提罗恩为了省点钱，随便找了一个医生进行诊治，结果医生竟然用毒品作为止痛药，从此提罗恩的夫人开始了漫长而无望的戒毒生涯。不久，埃德蒙德被确诊为患上了痨病，而年迈的提罗恩这个时候仍旧不管不顾地只想着买地皮，并想把儿子送往救济院。全剧最终以提罗恩夫人的一句话结尾："那是在我毕业班的那个冬天，我爱上了詹姆斯·提罗恩，那时是多么幸福啊……"

《长夜漫漫路迢迢》的主人公有着很多尤金母亲的影子。尤金的母亲埃拉·奥尼尔有很强的毒瘾。尤金在新伦敦的一个朋友——塞缪尔·格林夫人，把埃拉·奥尼尔回忆为"一个漂亮的女人。我们当中没有几个人熟悉她。奥尼尔一家人非常内向，都是深居简出的。"但是，大家都知道，他的母亲使用毒品，而且对她的丈夫和两个儿子酗酒也都了解得十分清楚。

埃拉·奥尼尔长得非常端正，但却不能算美，而且正好到了发胖的时候。她的鼻子长而直，她的嘴挺大，前额高高的，而头发在1912年已经发白了。她有着一双大大的深棕色眼睛，配着一对黑眉毛和卷曲的眼睫毛。她的语调柔和，说起话来带一点爱尔兰抑扬顿挫的腔调。自从生下尤金后，差不多有25年没养过孩子。

自从就读贝茨学校以来，尤金就已经知道，他的母亲是个嗜毒品者，而且知道是由于生他得了病才有了这种习惯。至于她使用毒品究竟有多么严重，他存在一些疑问。他们对于毒品需要维持的有效剂量往往是估计过高的。他们对加用的大部分毒品都大大地加以稀释。埃拉可以依靠一些专利药品，那些药品在1912年通常都含有吗啡或者可卡因。《长夜漫漫路迢迢》这部剧作暗示，詹姆斯·奥尼尔花费了数千美元把他的妻子送到疗养院去治疗。

埃拉自己同新伦敦社交界团体隔离起来，使用毒品并不是唯一的因素。她从来没有摆脱掉她的这种感觉，就是她觉得自己应当做个修女，因此她没有很好地适应并起到一个妻子和母亲应有的作用，她可以具有的形象和她实际的形象之间存在鲜明的差异。她从来没有忘掉过她所遭受到的无情伤害：只是由于她错误地嫁给一个演员，那些富家出身、或者社交界功名心重的爱尔兰天主教家庭的修女同学才跟她断绝了来往，她从来也没有摆脱掉她无法改变的看法，无法改变她的成见，即戏剧界的人同她不是一类人。

她悔恨自己不能属于那个"有身份的人"的上流社会，这种感情在《长夜漫漫路迢迢》中玛丽·蒂龙对她儿子所说的话里得到了反映："查特·菲尔德一家和像他们那样的人，是某种象征。我的意思是说，他们有着体面的、像样的家，对此他们是毫无愧色的。他们有着彼此来往、相互款待的朋友。他们谁也不会彼此断绝关系的。"埃拉·奥尼尔知道，她那位演员丈夫和她儿子酗酒、追求"放荡姑娘"的名声严重阻碍了她跻身上流社会的步伐。

在新伦敦，有个戏剧界社团，只要作出努力，她可能便会被接纳。这批人中包括理查德·曼斯菲尔德、埃德蒙·布里斯、南斯·奥尼尔、蒂龙·鲍尔、马克·埃尔斯沃思和弗雷德里克·德弗尔莱维尔。曼斯菲尔德一家举办一些大型社交晚会，而奥尼尔一家却未被邀请参加。出席社交晚会的一些"有身份"的人私下窃笑曼斯菲尔德一家在社交上的狂妄做作。在埃拉和类似"查特菲尔德家"的人之间的另一种障碍是，相当多土生土长的盎格鲁·萨克逊族美国人看不起那个时代迁入的爱尔兰裔美国人。

杰米和尤金·奥尼尔对这一点知道得很清楚。杰米对他母亲所称的"有教养的人"采取一种冷嘲热讽或者特别严酷的态度。他说，这种人叫他厌烦透了。妓女也要比那些"有教养的姑娘们"优越得多。可另一方面他却常常把他自己的父亲叫做"爱尔兰的泥腿子"。

1912年，詹姆斯·奥尼尔还是个胸部宽阔、粗眉大眼的汉子，看上去比他的实际年龄67岁要年轻得多。他走起路来身子笔挺，颇有点军人风姿。他的外表形象很好，有一双淡棕色、深陷而优美的眼睛，头发呈铁灰色。他不担任角色演戏时，更像一个爱尔兰农民。如果一个人知道他曾经穷得令人难以置信的话，就不难理解为什么他买东西竭力要尽可能地便宜，而且绝不浪费金钱。

如今他认真而热切专注的一项事业是在不动产上尝试一下，也许这是对他早期贫穷的一种反馈。他在新伦敦买下了不动产，在加利福尼亚买下了一片橘林，在纽约买下了几户合住的经济公寓，并且在马里兰州买下了一处农场。他还在多种事业上进行了投资。为了帮助一个朋友，他在一家船锚金属配件公司抛掉了3万美元。这个公司已陷于破产。他投资的另一家公司是博迪的"山姆大叔"金矿公司，由于很多演员投资，这家公司也以"演员金矿公司"而闻名。

在新伦敦不动产方面他的顾问中，有个自称托马斯·福琼·多尔西上校的人。对于多尔西来说，"詹姆斯·奥尼尔是个心慈面软的人，很会动感情。他是个出色的爱尔兰人，是个了不起的民主主义者，而且是个优秀的天主教徒。他在这座城镇里也是个领袖人物。"

1912年夏天，杰米34岁，完全走上了变成一个无可救药的酒鬼的道路。从体形上看，说杰米像父亲不如说杰米更像母亲。他有一种他弟弟称之为"放浪不羁的爱尔兰人的魅力"。他具有幽默、浪漫、多愁善感的诗人气质，而且无论是男人和女人都很喜欢他。他特别喜欢的诗人是欧内斯特·道森，而且尤其喜欢背诵道森的著名诗句："我是忠实于你的，塞纳拉！按照我的方式。"

在教他弟弟喝酒、跟女人捣蛋鬼混当中，他发现了一种反常的乐趣。在喝醉酒吐露私房话的时候，他告诉尤金：他这样干是因为他认识到他弟弟是多么有才干。他还说，尤金在人世间的成功将会揭示出杰米是怎样一个人——"一个乞丐"。杰米过分地依恋他的母亲，而且始终没有结过婚。

2. 啊，荒野！

借助于1912年熟悉尤金的一些人的回忆来判断，就形成了这样一种印象：尤金是个具有魅力的年轻人，他的兴趣全都集中在文学方面。不过，他还有某些其他兴趣。他同几个出身于新伦敦规矩人家、比他更年轻一点的姑娘们交朋友。他有能力同姑娘们保持一种真正理智的友谊。"他并不是一个特别沉溺于性感的人。"姑娘中有个人说，"他爱，但是，并不放肆地求欢。"

1912年夏天，尤金见得最多的那个姑娘，被他作为女主人公写进了1932年创作的《啊，荒野！》这部描写青春期的剧本。他把她叫做穆里尔·麦库姆泊。她是个十几岁的少女，跟一个名叫理查德·米勒的人恋爱。因为真正的穆里尔不希望在此使用她的真名，所以就权且借用穆里尔·麦库姆泊这个名字。

"我们的婚约持续了大约三年之久。"她说，"一直持续到1922年冬天尤金进疗养院之后一年。我记得他给我朗诵了许多作品——有奥斯卡·王尔德、弗里德里克·尼茨斯基、肖彭豪尔的作品。我那时刚从中学毕业。"

穆里尔被看做新伦敦美女中的一个。她有点发胖，但是体态匀称优雅，她的头发呈淡棕色，有一双大而锐利的黑眼睛，圆脸庞上有一对酒窝，说起话来慢条斯理的。

尽管尤金和她住的地方只隔几个街区，他们却几乎每天彼此书信往来，尤金离开新伦敦的时候也给她写信。穆里尔回忆说，尤金谈的始终是他打算写的书和剧本以及短篇小说。她说，《啊，荒野！》中理查德和他的姑娘之间的关系，相当准确地再现了他们那种或多或少有点柏拉图式的罗曼史。

穆里尔的家里人反对尤金，首先是因为他曾经结过婚，而且有过一个孩子。他们觉得奥尼尔对穆里尔来说是太老了点。还因为奥尼尔出身于戏剧家庭，而且他家里人的名誉总的说来不大好。穆里尔回忆说，她不知道尤金嗜酒。而且，对她而言，他好像从来也没显出心境抑郁或消沉悲观的状态。

"他是讨人喜欢的，非常有趣，我们在一起度过了一段好时光。"她说，"我不大熟悉他母亲。尤金从来不同我议论他的家里人。我曾经听说，他母亲是个使用毒品上瘾的人，不过我当然永远也不会跟他议论这个。我对尤金的父亲——詹姆斯·奥尼尔记得很清楚。他是个正派人。我非常喜欢他。他认为，我同他儿子相配是太年轻了点，过于温柔和单纯。"

尤金为《啊，荒野！》这一剧本中的青春期小伙子一家选择的是他的一个亲密朋友、阿瑟·B. 麦金利一家。1912年夏天，尤金和阿瑟正在为新伦敦《电讯报》工作。阿瑟·麦金利的父亲约翰·麦金利刚好是竞争对手新伦敦《日报》的编辑。当约翰·麦金利那位儿子看《啊，荒野！》的剧本时，他评论说："我能够认出这个剧本中的每一个角色，其中包括我自己和我的兄弟们。"

在这个剧本中，那个青春少年的父亲纳特·米勒是该市报社的编辑和出版者(纳特·米勒这一角色是由乔治·M.科汉扮演的)。尤金赋予纳特·米勒这一角色以他父亲的某种特点。詹姆斯·奥尼尔总是说，那种青鱼他是无法下咽的，因为那种鱼含有对他有害的一种油脂。许多年以后，他的妻子坦白地承认，她一直不断地给他吃这种青鱼。她把这种鱼称为白鱼，而他从来也不知道这两种鱼的区别。

那位老麦金利有点像尤金愿望中的父亲的形象——聪明、具有理解力、富于同情心。《啊，荒野！》上演后，许多人认为，尤金写的是他年轻时代自己家庭的事。"真实情况是，"他回答说，"《啊，荒野！》是对我从来不曾经历过的一种青年时代的怀恋。"詹姆斯·奥尼尔和约翰·麦金利曾经是好朋友。麦金利还是个年轻记者的时候，就在纽约遇见了詹姆斯。在新伦敦，他们之间的友谊仍继续保持着。老麦金利可能就是奥尼尔家选定新伦敦作为安居地的另一个因素。

3. 记者生涯

尤金·奥尼尔受雇为新伦敦《电讯报》工作，是在1912年的5月。这家报纸的发行人是贾奇·弗雷德里克·P.拉蒂默法官，他住在与新伦敦隔河相望的康涅狄格州的格罗顿。尤金是他买下这家报纸以后雇用的第一个记者。

拉蒂默是个有趣的、多才多艺的人。他1889年就从耶鲁大学毕了业，之后又在耶鲁法学院学习过，并曾一度担任格罗顿遗嘱查验处的法官。他喜欢有益的社交，喜欢好的书和垂钓。他和尤金成了亲密朋友。"我父亲和尤金·奥尼尔他们俩会是同一类人，我是感到怀疑的。"拉蒂默的女儿海伦曾经这样说过。"我父亲是个与众不同的怪人，在他的一生中，他做过许多截然不同的事。"拉蒂默的儿子曾说过。他父亲和尤金经常一起去钓鱼，当他们俩有兴致的时候。"我父亲一生中对钓鱼一直很有兴趣。"拉蒂默说。

关于拉蒂默法官，尤金曾经说过："他是真正认为我是有思想要表达，有话要说，而且相信我是能表达出来的第一个人。"这位法官告诉那位老奥尼尔，他认为尤金不仅仅是有才干，而且具有高度的天才。拉蒂默以如此的钟爱之情看待他的手下人，实在是尤金的幸运。如果尤金被派去报道一件事，他就会时常由于真实生活的戏剧而处于兴奋状态，会忘记把当事人的姓名和地址记录下来。

"如果我派尤金出去报道一次火灾，"小弗雷德里克·拉蒂默回忆他父亲的话说，"他就会带回长长一篇有关火警的戏剧性描述文字，这篇东西读起来很精彩，但是可能缺乏新闻工作者所需要的这样一些细节，诸如谁占有那幢房子，火是在什么时候和如何开始烧起来的等等。"

他的市区版编辑主任马尔科姆·莫伦经常不得不因为这位年轻记者没有搞到所有的事实而申斥他。有一回，莫伦派他去报道发生在新伦敦贫苦区布雷德利大街的一桩持刀械斗的新闻。尤金回来的时候，莫伦看了他的记录稿。

"这是关于布雷德利大街刺杀事件的一篇优美的故事！"他对他的那位初出茅庐、少不更事的记者说，"屋子里的气味是令人信服的，地板上的一大摊血已经精确测定了，你已经描绘出这家人家贫穷、愚昧和堕落的一幅出色的图画。但是，请你把砍伤女人的那个绅士的姓名查出来，并且弄清楚那个女人是他老婆还是女儿，或者别的什么人，好不好？打个电话到医院去，问问她是死了还是已经出院，或者别的什么情况。然后把事实写成150字的文章，并且把这篇文学蜡染作品送到插图设计人那儿去！"

尤金对于自己作为一名新闻工作者的才能是从来不抱任何幻想的。"我是个糟糕透顶的记者。"他曾这样说过，"但是我获得了对小城镇生活的一种惊人的洞察力。"

莫伦后来去为费城《大众记事报》工作，并曾一度会见奥尼尔，那时奥尼尔已经变成了一位出名的剧作家了。

拉蒂默怀着极大的兴趣看着这位敏感的、初出茅庐的记者。他感到：这个年轻人具有"一种文学风格，而且这种风格证明了他不是普通的平凡的小伙子"。8月里，他让尤金为一个名为《三言两语》的社评专栏试笔写诗。尤金仍旧协助报道海滨区、火灾和警察巡逻区的消息，不过他每周有两次为《三言两语》专栏撰稿。他签发了24首报纸诗歌，有的用伊·奥尼尔，或者尤金·奥尼尔，有的用泰吉安·特·奥尼尔。

他写这些东西远较他为例行公事的报纸报道写文章要更喜欢得

多。他写了"拼命牵引着链条缓缓行驶的帆船"以及"伸向海湾的嫩绿草场"。他也写过一些不高明的、模仿吉卜林、罗伯特·彭斯和罗伯特·W.塞维斯的作品。

《三言两语》一经付印，就使他有了信心，于是他开始把自己的诗作送到纽约去出版。他在《民众》上、在纽约的《呼声》和外国记者协会的《司令塔》上发表了作品，之后又在纽约《论坛》发表了作品。他的作品第一次在书的形式中问世，是1912年出版的《七星俱乐部年鉴》上发表的一首名为"自由"的诗。其后几年，他就不大喜欢让他早期的诗作再受到人们的注意。

4. 恐怖的肺病

从事记者生涯不久，一位医生告诉他，他已经得了肺病，而且必须去疗养院疗养。这是从上一年10月开始的。大约是那个月中，他就开始为一阵阵的恶心并伴有胃口不佳所苦。在11月初，他发作了一次干咳，而且在夜里出冷汗。新伦敦一位医生诊断，认为他患了胸膜炎伴有渗出液，并从他右肺中抽出大量积水。在《长夜漫漫路迢迢》中，儿子指责他的父亲去请教一个江湖郎中而不去请一位真正的医生。尤金亲自对一个朋友说，他生病的那个时候的经验并没有使他认为应该尊重医生的判断能力。

11月1日，他放弃了在《电讯报》的工作。那时他病得挺厉害，他家里为他特意请了个护士。他在家被困在床上，不能继续跟穆里尔幽会了。另一个朋友米尔德里德·卡尔弗曾经回忆说：奥尼尔的护士曾请他在感恩节那天去看望尤金。

有一段时间，看上去他的病的确切性质还不大清楚。几星期以后，就确诊为肺结核，而且问题也提了出来：送他到哪儿去治疗？这一家发生的痛苦而不幸的争论，即关于他究竟应该到为肺结核病人办的"州立农庄"去还是到私人疗养所去，这段经历后来成了《长夜漫漫路迢迢》一剧的重要组成部分。

在1912年，穷困的肺结核病患者都是被送往设在劳里尔海茨的康涅狄格"州立农庄"，这些人通常都死在那儿。在那出戏里，杰米说，他父亲主张把埃德芒送到那儿去，因为他有着"爱尔兰的看法，即肺结核病是致命的"，因此认为在那孩子身上花钱就等于把钱扔到水里去了。詹姆斯·蒂龙以他纳税为借口，替他的立场辩解，认为既然纳了税，他也应该从州立公共慈善机构获得好处。后来，他出于惭愧而承认："专家推荐的是另一个疗养院。"

这段描写跟坐落在康涅狄格州沃林福德的、俯瞰昆尼皮亚克山谷的盖洛德农庄疗养院的情况十分符合。一天收费1美元，外加每星期0.25美元洗衣费。那时有私立疗养所，但是花费要昂贵得多。

虽然，在《长夜漫漫路迢迢》中，那位"爱尔兰"父亲发了慈悲，没有把他的小儿子送到州立农庄去，可实际上，詹姆斯却把尤金送到那儿去了。1912年12月9日晚上，他父亲把他送到了康涅狄格州谢尔顿的费尔菲尔德县州立肺结核疗养院。当父亲和儿子在纽黑文转车的时候，有辆装着三口棺材的货运卡车在他们的路上通过。

尤金就说了一句："我的天，这是什么样的一种欢迎啊！"

在谢尔顿，接待尤金的是爱德华·林奇医生，据他回忆，尤金"身穿一套整洁的深灰色西装。他患的是伴有积水的胸膜炎，一种肺结核病"。那套衣服，顺便说说，是一套挺贵重的衣服，是詹姆斯在他们离开新伦敦之前刚刚请裁缝为他儿子做的。这就是那个老演员耆耆的情况前后不一致的地方。尤金只待了两天，而且是很合乎情理的。

那是个令人沮丧的地方——一所改成医院病房的农场住房和一排简陋的小木屋。无怪乎人们说，当你来到谢尔顿的时候，就意味着"完蛋了"。林奇医生同意这样的看法，即这地方对尤金不合适，而且同意他本该"跟盖洛德农庄疗养院较为富裕阶层的人士相处"。

12月11日，尤金到了纽约，在拉姆斯俱乐部见到了他的父亲。经过一场争论，他说服了他的父亲把他送到曼哈顿的一位著名肺科专家那儿去看病。那位专家名叫詹姆斯·亚历山大·米勒，后来成为国美一位最著名的肺结核病权威。1912年12月17日，米勒博士就给他的朋友、办了10年之久的盖洛德农庄疗养院的创始人戴维·拉塞尔·莱曼医生写了这样一封信："我刚刚给一个年轻人看了病，我认为他是您那疗养院的一个挺好的患者。他家住在新伦敦。他姓奥尼尔，在我给他找到一个永久性地方之前，他就待在纽约这儿。"他希望莱曼会"立刻"收下这个病人。

在1912年底的时候，尤金·奥尼尔面临一个可怕的前景，疾病给他带来的不仅仅是肉体上的痛苦，也不仅仅是引起了他对未来的忧虑。因为尤金有对"肺病"遗传的恐怖。这种恐怖感由于通常相信肺病可以遗传而加深了——而且尤金曾经听说，他的祖父、外祖父都死于肺病。再有，还因为这种病被认为具有高度的传染性，这种病的受害者几乎全部都要遭到隔离流放。

或许上帝总是拿疾病和痛苦考验生活的强者。经历了疾病和恐惧以及漫长的治疗之后，尤金奇迹般康复了，经医生诊断："痰液不带杆菌，因此没有传染的危险，可以出院。"

第四章 戏剧天才的再生

他们千方百计喝得酩酊大醉，借此维持他们的白日梦，而这就是他们对生活的全部追求。据我所知，世上不会再有比这更知足的人了。

——尤金·奥尼尔

1. 回家疗养

由于患病的缘故，尤金·奥尼尔终止了所有的工作，安心休养。随后，他回到了老家。一回到家里，过去的那种紧张就又恢复了。以前，他的父亲由于尤金对自己要干些什么拿不定主意而感到不安，现在他的儿子打算写剧本，则更叫他感到烦恼。

"我的父亲为我担心，"尤金在谈到这一时期时说，"他不知道该怎样驾驭我，不理解我打算干什么，他仅仅是要我安定下来过日子。他时常习惯于把我想象成一个古怪的人。"这位演员的一个朋友曾经说过：詹姆斯·奥尼尔想要他的儿子当一名律师。

尤金在家里的头三个月，染上了严重的钩虫病。但是他是怀着不仅努力写剧本，而且要好好待下来的决心回家的，他按照严格的计划每天进行日光浴和游泳。在好多个月里，他头一遭有了好胃口。

詹姆斯跟一个时常访问奥尼尔家的戏剧家克莱顿·汉密尔顿谈起过他那难管教的儿子，他对汉密尔顿说，他对尤金不知道该怎么办——尤金是个"坏孩子"。汉密尔顿是不是能在他身上发现某种优点，或者也许能想出某种办法来发扬这种优点呢？对这一点，汉密尔顿回答说："我是没什么建议好提的。"

不过，汉密尔顿由于尤金曾经作为一个海员到全世界去开辟他的道路这一事实对他印象深刻。"我仔细打量了这个小伙子，"他写道，"他有一双大而令人喜爱的眼睛、有着瘦长的、有点虚弱却仍不失为健壮的身材，惯于沉默寡言，还带有一种病态的羞涩。"汉密尔顿喜欢这个年轻人，而尤金也喜欢他。但是尤金当时并没有提到自己的写作。后来尤金一旦谈到了，他便找到了一个热诚的伙伴。

他的健康状况一有好转，就更加经常地去看望他过去在《电讯报》时的老编辑拉蒂默。他们常常在桑德海湾划船划得筋疲力尽，整天去钓鱼。拉蒂默把尤金写的诗和剧本都看了，并且告诉尤金，他认为那些诗和剧本是极好的。他被尤金要出版"某种为了其本身价值值得去做，而就其商业价值来说又不值得一提的作品"的决心打动了。拉蒂默相信：在那时，尤金身上有着某种与生俱来的高贵品质，它激励并驱使一个人克服任何障碍去实现自我，哪怕天国或地狱尽力剥夺他那种生来就有的权利。

在许多方面，这位年纪较长的汉子和尤金是相距很远的。拉蒂默不大赞赏他称之为尤金的"当地那些温和的波希米亚熟人"。他本人是个坚定的共和党的尊奉者，虽然在他本人的保守党圈子中，他被看作是行为有点古怪的人。

对于尤金的基本观点和尤金对传统观念的攻击，拉蒂默完全变成了陪衬角色，他还颇感同情地倾听这个年轻人对宗教滔滔不绝的诋毁。"每当我们在一起谈话，"拉蒂默说，"并且为我们的不同哲学观点而争论时，我就认为他是我所曾经遇到的最顽固和最不妥协的社会叛逆者。我们彼此深表同情，但是，在道德和宗教思想以及政治见解上，彼此之间，都是'完全不讨人喜欢的'。他是显著地'与众不同'。我想象得出，他的才智是多么惊人，他又是个多么彻底反对崇拜偶像的人，对人为灾难的牺牲者又是多么富于同情心。他的想象力又是多么像古代海员头上恼人的风云那样汹涌奔腾。"

显而易见，尤金的观点给拉蒂默留下的印象微乎其微。仅仅几年以后，这位前编辑和法官就去为美国首席检察官A. 米切尔·帕尔默工作，并且参与了第一次世界大战后不久对激进派的大规模的起诉活动。不过，拉蒂默结交尤金却是挚诚的。"他在思想上和精神上是茫然的，而在身体上是受到威胁的。"拉蒂默曾这样说过，"我为他感到惋惜，关于他，一下子就给我留下了4点印象：他的谦虚，他的当地绅士派头，他那双奇妙的眼睛，还有他的文学风格。"

虽然拉蒂默试图在尤金和詹姆斯之间为尤金充当一个文学上的使节，但他与尤金却有着一个严重的分歧。他认为尤金应该放弃写作诗歌和剧本，而改写小说。尤金写短篇小说倒有点走运，但运气并不很好。他发觉展示人物、情节非常困难，并且说，他唯一的一条路看来是在戏剧对话和对人物以及舞台装置的描写上还能表现一下自己。

那年夏天，尤金继续写诗——特别是为姑娘们写诗。他已经恢复了和穆里尔的友谊，不过存在着一些困难。显然，作为一个家庭的供养者，他是不够条件的，何况，正如拉蒂默指出的："他激进的思想与她格格不入。"穆里尔曾经回忆道:"拉蒂默法官喜欢我们俩。"而且她想起来,那年夏天尤金"经常一次又一次地说,他即将成为一名了不起的作家,总有那么一天,他会回到新伦敦,让他们瞧一瞧。他总是给我带一些短篇小说或者剧本来读。他为我打开了一个全新的世界——文学的世界"。

2. 寄居生活

那年秋天,奥尼尔家关闭了他们的住宅,詹姆斯同意为尤金待在一位姓里平的夫人家里支付费用,从里平夫人的住宅可以俯瞰长岛海滨。那是镇上比较好的一家供膳食的寄宿住宅。当人们不住自己的海滨小别墅的时候,就常到这里寄宿,克莱顿·汉密尔顿一家便是常来的旅客。汉密尔顿夫人回忆说:"用英国人的话来说,里平夫人是个简朴亲切的人。"里平夫人读过一些尤金的早期剧作,她不大喜欢那些作品,因为那些角色是"令人讨厌的"。

她喜欢克莱顿·汉密尔顿的剧本,因为那些人物是"美的"。尤金在里平夫人家住了16个月,已经真正隐约感到了家庭生活的快乐。里平夫人的几个女儿对他都很热诚。她们为他的手稿打字,并且帮他把稿件送到邮局去——有时甚至代他支付邮费。他当时正以每月一篇的速度写独幕剧寄给百老汇的舞台老板。如果尤金睡懒觉,里平夫人就会把他从床上拽起来,并且吓唬他,要是他误了医生命令他进行的晨间游泳,那就没有早饭吃。通常他是以在冷水之中游泳的这种自我折磨为自豪的。他曾寄给莱曼医生一张他身穿游泳衣的照片，在这张快照上注明气温29华氏度，还用一个箭头指出他脚下的白雪。

虽然尤金长时间居留在里平夫人的供膳寄宿处，过着质朴宜人的田园诗般的生活，但克莱顿·汉密尔顿曾经这样写道："詹姆斯·奥尼尔把他放在那儿，是决心采取一种近似于监禁的惩罚性手段。他让那个小伙子整整一个冬天孤零零一个人形影相吊。"汉密尔顿夫人写道："尤金住在用他父亲答应提供给他的每周8美元所能选择的招待最周到、最经济实惠的地方。詹姆斯·奥尼尔甚至认为那已经是过多地乱花钱了，因为他无论如何也看不到这个孩子有什么前途，他那时认为他儿子是个倔强而不可捉摸的、毫无价值的浪荡子，对什么都不能安下心来。"

但是尤金却在另外赚钱，1914年5月，他写信给莱曼医生说，他在创作剧本，也"同样为了钱而粗制滥造"一些电影剧情说明，每星期挣上30美元。不过，他满怀希望。他盼望着霍尔布鲁克·布林在公主剧上演他的两本独幕剧。他在一本四幕剧上花了很大的精力，这本四幕剧他确信在下一个季度肯定会受到观众欣赏而风行一时。

在接近秋天的时候，他已经写成了11本独幕剧和两部大型剧本。在此期间，他一直在读尼基钦的作品和魏德金德的剧本。他曾经说过："我阅读我所能到手的任何作品，希腊的、伊丽莎白女王时代作家的——实际上是所有的古典文艺作品——而且，还有所有现代作家的作品，诸如易卜生和斯特林堡。"

这些作品，大部分是在约瑟夫·M.甘尼医生诊所上边的公寓房间里读的。这间公寓房间是一小批自称为"二楼俱乐部"的知识分子常去的地方。甘尼医生是个身材矮胖的汉子,有蓝眼睛和灰头发,他不准人家把他的书带出他的公寓房间。在他的藏书人印记处可以看到:"我不出借图书,请免开尊口,勿使我为难。"甘尼说,尤金看了盖伊·德·莫泊桑的每一部作品,并且相信法国作家对他具有极大的影响。

这位医生还回忆起1912年秋天发生的一桩带有预言性的事件。尤金在酗酒之后弄得一塌糊涂,烂醉如泥地走进《电讯报》商业金融室。总编辑一发现尤金那副样子,就表示了他的不满。"如果你不是詹姆斯·奥尼尔的儿子,"他说,"你就必定会跟所有的叫花子一样倒在街沟里。"

尤金一点也不感到羞愧,他回答说:"这样的一天一定会到来,那时候人们只记得詹姆斯·奥尼尔是尤金·奥尼尔的父亲。"

"二楼俱乐部"的成员中包括一批记者,这些人当中有查尔斯·扬普森、阿瑟·凯西、马尔科姆·莫伦和阿尔特·麦金利。这个俱乐部成员的主要活动是喝酒和打扑克,玩小输赢的赌博,以及交换有关桃色业绩的风流话。尤金拼命想成为"其中的一员",但甘尼回忆说,当他偶然参加玩小赌注扑克时,他就好像心不在焉。

几年以后,当他在纽约跟甘尼聊天的时候,尤金说:"我恨透了这座城镇。我想要干什么总能干成。我离开新伦敦,因为我想要搞足够多的钱去雇上一辆四匹马拉的车,车内装满显而易见的金头发、蓝眼睛和白皮肤的妓女,在大街上招摇过市,撒下一蒲式耳的一角钱小银币,让农民们追着去抢。"

3. 创作丰产期

《奴役》的女主人公要"维护她个人发展所必需的自由"。她已经被一个剧作家戴维·罗伊尔斯顿"唤醒"了。她以一个"新女性"的身份去访问她的"上帝"罗伊尔斯顿，并且注意到，"这位伟大的解放者"把他那善良的妻子变成了一个实际上的奴隶。因此她便开始着手去"重新唤起"罗伊尔斯顿，使之认识罗伊尔斯顿夫人的真实价值。然而，现实却毁掉了她的幻想。从罗伊尔斯顿夫人那儿学到了"爱情意味着奴役，爱情便是奴役"之后，她就回到自己丈夫身边了。对于一部三幕剧来说，《奴役》是很短的。对话写得不大妥当，不大热情——有人认为这是尤金从来也没有完全克服的一个缺点。

在《终身妻子》中，尤金是以类似的风格写的。一个头发斑白的矿工把一项秘密计划付诸实践，那项计划据说是"再没有什么比为了朋友舍弃娇妻更为伟大的爱了。"尤金说，他是为轻歌剧舞台写这部剧本的，写这部剧本的想法是在他跟他父亲巡回演出时饰演俄尔浦姆时产生的。他说，这个剧本是他唯一一部为了搞钱而写的剧本，谁也不能跟奥尼尔持多大的不和意见，即完全靠巧合的这部《终身妻子》一剧，是他曾经写的最糟糕的剧本，不过，像《奴役》和他早期的其他尝试一样，这部剧本的演出效果要比阅读效果强得多。

《流产》写的是一个大学垒球英雄跟一个姑娘产生纠葛，陷入麻烦的故事。剧中情节安排了一次流产，姑娘死了。她哥哥知道出了什么事，便决定去报告警察。结果那个垒球英雄就自杀了。尤金对流产这个题材很感兴趣，他以这个题目写了几个改编本。在讨论到这部剧本的时候，他巧妙地变换各种情节。不过，《流产》这部剧本却明显带有情节剧的特点，而且不是他值得夸耀的、尝试中的一部作品。

奥尼尔后来授权发表的最早一部剧作《网》，以这样一行文字开头："上帝啊！这是什么样的一个夜晚！"这纯粹是一部关于一个妓女和她的保护人的情节剧。场景安排在"纽约东区南部出租单间房的顶楼上一间肮脏的卧室里"。这个女人有个婴儿，而这个孩子对她的情人史蒂夫来说，是个苦恼的根源。情夫打她，她跌倒在地。另一个男人在关键时刻救了她。

史蒂夫警告她，要是她出走或者"对他有所隐瞒"，他就要把她投进监狱，并且把她的婴儿夺走。显然她被"网"紧紧捆住了。那个好心人——一个逃犯把钱给了这个可怜的女人，让她逃走。一直守候在附近的史蒂夫走上台来，把那个好心人杀掉了。接着他又把枪隐藏起来，为的是把那个女人卷进罪行嫌疑之中。当警察迅速到达后，就把那女人带走了。婴儿哭喊着"妈——妈——"一个侦探把小孩抱在怀里说："妈妈已经走了。我现在是你的妈妈。"

这就是普遍认为的尤金曾经写的第一个剧本。这部作品当然是粗糙的，情节也是拙劣、夸张的，而且台词对白糟糕得很。但是，作为一部处女作，《网》是非常值得注意的，其中包含着许多奥尼尔作品的独特因素：暴力致死、残忍、灾难以及许许多多戏剧性情节动作。

　　1914年1月，克莱顿·汉密尔顿夫妇住在里平夫人家度寒假。当时尤金并没有立即跟他每天早餐时见到的汉密尔顿讨论他的作品。汉米尔顿夫人格拉迪斯·汉密尔顿回忆说，他"看来好像是个谦逊的年轻人，不希望人家打断他的沉默"。这对夫妇对这种要单身独处的明显愿望是尊重的，还是尤金自己最后谈到了他的作品。

　　1914年春天，尤金开始动手写的大海题材的剧本是不够成熟的，但写得很动人，颇有影响。在《渴》这出戏剧中，一个西印度的黑白混血水手、一个女舞蹈演员和一位绅士同在一只救生筏子上，渴得即将死去。那个绅士和女舞蹈演员认为那个黑白混血的水手喝了藏在筏子上某个地方的水。女舞蹈演员要把项链给那个黑白混血水手，接着又要把她的身体献给他，来换取饮水。他都拒绝了，于是那个女舞蹈演员就死了。黑白混血水手拔出了他的刀，表明他打算满足一下自己的饥渴。那位绅士把女舞蹈演员的尸体推进了大海。因此，黑白混血水手便刺了绅士一刀。他们搏斗起来，两个人都跌入海中。留在救生筏子上的那串项链，在聚光灯下闪烁着。

　　尤金对于口头语言的听觉从来就不大敏锐，虽然他搜集俚语。然而对一个剧作家来说，既不需要也不愿意去复制当代语言，所需要的是在当代语言上加以提高，要的是升华，要的是捕捉我们生活和语言中的韵律节奏，而不仅仅是词语。而这一点，尤金比以前或曾经有过的任何美国剧作家都干得更好。

　　《雾》一剧也是安排在一只救生艇上的。角色是一个诗人、一个商人、一个农妇和一个死孩子。救生艇漂近了一座冰山，他们听到远处有一艘轮船。那个商人想要呼救，诗人不准他呼救，因为这样做可能使那艘船同冰山猛烈相撞。雾散了，那艘轮船隐隐呈现出来。据水手说，是孩子的声音给他们靠近救生艇作了向导。诗人告诉他们，那孩子已经死了24个小时了。《雾》是尤金最早期的剧作中最好的一部剧作。这部剧作不是自然主义的，因为角色清楚地象征着贪婪与理想主义的主题。在这部戏剧中有一种实实在在的美，这种美在演出中显现出来，并预示了后来诸如《毛猿》这类作品的表现主义倾向。

《警告》一剧是写一个无线电报务员在休假时得知他随时随地都可能完全变聋。可他仍然乘了一艘横渡大西洋的轮船出海。当轮船开始下沉时，他发了一份求救的电报，但是他无法听到回答，因为他突然耳聋了。这出戏剧以他的自杀结尾。《警告》是一次蹩脚的尝试，第一场表演的是这个男人和他的一家，显得太长，全部情节暴露出编造的痕迹，而且那个无线电报务员的性格变化太突然、太不协调。

暮春时节，尤金写了《东驶加的夫》，这一剧作显示出尤金作品的质量有了巨大的进步。台词对白之诚实坦率给人的印象深刻，而且听上去真实可信。一个名叫扬克的水手，由于船上发生的一次意外事件已经半死了。海上的那些粗人对他表现出难得的亲切体贴态度。德里斯科尔，一个爱尔兰人，开玩笑地责备扬克说，他是为了进天堂才想要去死的。扬克说不是如此，他是命里注定要进地狱的；他怀着痛苦心情谈到海员的生活——在一艘又一艘船上干苦活儿，收入很少，饮食极差，没有人关心你的死活。

他回忆起他的一些冒险经历，其中许多跟尤金的经历相同。扬克想起了有一次在开普敦打架，他用刀杀死了一个人。上帝会不会为此惩处他呢？上帝是无所不见、无所不知的。扬克不知道他是不是要葬身于大海之中。最后，他看到有个人站在船舱里。德里斯科尔谁也没看见，就问他看见的是什么人。扬克回答说，是个身穿黑衣服的漂亮女子。然后，他就死了。德里斯科尔抽泣起来，并跪下祈祷。

1914年夏天，汉密尔顿一家到他们的小别墅来避暑，尤金就来造访。格拉迪斯·汉密尔顿回忆说，他怀着极度惶恐走近我丈夫。他停住脚步，说话犹豫不决，"仅仅靠他的眼神，"她写道，"传达舌头所没有表达的意思。"他把几部写大海的独幕剧交给了汉密尔顿，让他看。汉密尔顿看了那些剧本，但是他说，他决定不把他认为这些剧本有多么好或者多么有希望告诉尤金。实际上，那些剧本的力量使他感到大吃一惊；尤金曾经表示过，他可能愿意到哈佛大学的乔治·皮尔斯·贝克教授的第47创作室去学习。

汉密尔顿认识贝克，并且认为贝克可能接受尤金，当汉密尔顿跟詹姆斯·奥尼尔谈起送尤金到哈佛去的事，照汉密尔顿的说法，詹姆斯犹豫了起来。詹姆斯指出，他已经送他儿子进过普林斯顿学院，尤金在那儿仅仅坚持了一年。汉密尔顿运用了他的全部辩才来对付那个老头(詹姆斯·奥尼尔)，而那个老头通常很尊重戏剧评论家和他们家朋友的意见。最后他终于说服了这个做父亲的相信"他那任意撒野、海盗一样的儿子的确是有希望的"。

尽管汉密尔顿和其他一些人曾把詹姆斯·奥尼尔加以渲染，说他在涉及他儿子的地方有点像个吝啬鬼，但那年夏天詹姆斯·奥尼尔却做了一桩极为慷慨的事。他拿出1000美元来资助尤金出版一本戏剧选集。波士顿戈勒姆出版社的理查德·巴杰尔以《渴》为题出版了那本书。这本书中除了《渴》之外，还包括《网》、《鲁莽》、《雾》和《警告》。就一个不出名的剧作家来说，作品没有什么市场，出版商能销售出去的不多。在尤金取得了公认的地位之后，《渴》就变成了收藏家单子上的一个项目。这本书已是现代美国第一版书中最珍贵的一种版本，一本书的售价要高达65美元。

汉密尔顿后来在《时髦》杂志上评论了《渴》这本书。这是这部剧作所获得的唯一评论，供评论的复本曾分送给所有的图书和戏剧评论家。汉密尔顿写道：

这位作家的基调是一种恐怖。他描写严酷、可怕的情景，这种情景如果伸延，超越了一次单独突然动作的限度，就会变得不可忍受。他对大海好像是很熟悉的。因为，这类剧作中的三部在处理沉船灾难的恐怖事件时，都揭示出角色在狂暴情绪压抑下所反映出来的强烈感觉。他的台词对白影响力几乎是残酷的。这类戏剧应该有不止一部在类似纽约公主剧院的戏剧机构中上演。

尤金·奥尼尔后来写了一封信给汉密尔顿：“你无法想象你带给我的意味着什么！在毫无指望的时刻，它提供了一线希望。它使我相信，我突然迈出了成功的一步，在那个时期，我是非常需要我所尊敬的某个权威人士承认我是有所进展的。”

汉密尔顿也向尤金提出了一些善意的劝告。这位成名的剧作家得知尤金每写完一部剧本就把手稿送去交给经理人，然后满怀希望天天盼着他们很快就会阅读，并被接受下来，于是就对尤金说：“当你送出一部剧作时，被阅读的机会不过千分之一，而被采用的机会还不到百万分之一；而且即使是被采用了，也可能永远不会上演。但是，如果剧本被采用而且上演了，那你就该对自己说，这是一次永远不可能再次出现的奇迹。”

因此，尤金判定，正如他后来对汉密尔顿说的，他的朋友和导师“对于一个渴望崭露头角的人来说，简直不适于进行合作。不过，我终于想到，你是懂得你所说的那件事的，我想到了自己已经面临一项艰难的职业，而且还可能为把这种职业变成现实，去开辟一条道路，并不考虑商业性舞台演出问题。你的劝告逐渐在我身上产生了一种朦胧而又令人镇静的宿命论思想，这种宿命论注定了要有许多失败挫折，并帮助我把自己的种种失望当做这一职业的一种无可避免的组成部分，在那些日子吞下的是苦药，但是它确实证明了从长远观点来看，这是一种可以起缓冲作用而具有活力的兴奋剂。它教会了我吞下这剂药——天知道，这是大多数学习戏剧创作的人需要做的第一件事情，如果他们不打算变成在时来运转之前长期怨天尤人、老是对命运发牢骚或者半途而废的人。"

4. 第四十七创作室

汉密尔顿和尤金两人都曾给哈佛大学的贝克教授写过信。尤金的第一封信是对于他进入第47创作室候选资格的一封理由充足的介绍。他说，他的父亲是演员詹姆斯·奥尼尔，所以他早就跟戏剧这一职业有着密切的联系。他曾经在维奥拉·艾伦上演《白人姐妹》时期，当过他父亲剧团的经理助理，而且，他自己已有5部独幕剧出了书。

在他的第二封信中，他附上了他的两部剧作。他还辩解地说明了他离开普林斯顿学院的事。他说，他由于旷课而退了学，成果极少。他感谢贝克对他予以考虑，并重复说，他希望成为贝克教授的学生。

尤金·奥尼尔前往马萨诸塞州坎布里奇，进贝克教授的第47创作室，是在1914年秋天，那时他26岁。他比其他学生年龄大。那些学生中有个名叫约翰·Y. A. 韦弗的，他跟一个女演员佩吉·伍德结了婚，后来赢得了诗人的名声。其余学生中有一些人，据尤金回忆，由于有他这样一个"黑眼睛的爱尔兰人"成为他们的同学，就像他自己不得不再度成为大学生一样，表现出不自在。与那些比尤金小五六岁的大学生相比，他想必看上去是很怪的。

他父亲每星期给他10美元开销，他从中还要付房费、伙食费、车费、洗衣和买新衣服的费用。他在门诺耐特家包膳宿，他曾对朋友说，那家人待他非常好。伙食挺好，挺丰富，在一间干干净净的屋子里，他还有一张床。

他由于不得不重新当一名大学生而烦恼的一种表达方式就是，在和同学谈话时像个水手那样骂人。特别是当一个断言他是讲"下流话坏"的学生一露面，尤金就经常这样干。这个学生还认为，作为一名作家，尤金最糟糕的毛病是"在台词对白上无能，除非是写说话的人醉得语无伦次或者亵渎神圣"。他回忆说，尤金在哈佛写的一个剧本《二等工程师》是"矫揉造作的，不自然的"。这个剧本还标上过《个人观察上的误差》的题目。这个剧本已经绝版，不过根据当代舆论，这算不得什么大损失。

那个学生也承认："他长得漂亮，非常容易激动，特别急着进第47创作室，渴望在格林尼治村待下来。尽管有时候有点拘束，不大善于表达内心思想，但他却挺友好的。你会得到这样的印象，即他老是有点发抖似的，而且好像想要避免口吃。不过，他只要一开口就令人难忘。"

尤金的另一个同学以简洁的语言总结了他所获得的印象，把尤金描写成"一个好挖苦人的家伙"。贝克教授虽然抱着同情态度对待创造一种新的美国戏剧的想法，但是他相信，戏剧创作有某种有用的东西是可以从过去吸取的。然而，从一开始，尤金就对戏剧课感到厌烦。有一堂课布置的作业是图解奥古斯塔斯·托马斯的一个剧本，奥尼尔感到十分厌恶就站起来离开那间屋子。

在另一场合，贝克读了《东驶加的夫》，告诉尤金说，他认为那根本就不是个剧本。尤金自己认为，他在哈佛写的剧本都是"蹩脚货"。其中有一本写的是有关水手的长而不连贯的事情，以及船上司炉人员罢工的事。另一本《亲爱的医生》，贝克认为是一出好得不得了的轻松喜剧，当尤金检查他用来作为他的独幕剧基础的那个短篇小说时，却发现原来小说是从已经取得成功的轻松短剧中剽窃而来。

尤金在哈佛期间所写的最好的剧本，无疑要数《狙击手》了。这个剧本讲的是一个比利时农民看到自己的家人被德国人杀害，土地被掠夺，他便把枪口转向德国人，于是被俘。这一情节的设计颇有点感伤主义的戏剧气氛，不过还是有些专业性味道，而且是1915年美国意识到的"流血的比利时"。在这个创作室期间，尤金写过另外两个剧本：《一记敲门声》，以及他跟同学科林·福特合写的、有点恐怖的《圣经》类剧本《贝尔沙泽》。

约翰·韦弗对在哈佛的尤金作了最出色的描述，他说，尤金与众不同，好像闷热的快餐馆炖菜中的一只牡蛎。"班级里其余的人，"韦弗写道，"怀着敬畏心情倾听着专家的劝告、激励和责备。我右边那位竖着双眉、冷嘲热讽的年轻人则截然相反。这种理论上的自吹自擂，对他来说，简直就像阿魏胶，臭气熏天。我们张着嘴，十分热切地坐在那儿，可他却会坐在椅子上不安分而且摇晃着，沉着脸，以一种不很响的声音发出吓人的诅咒和表示异议的怪声。对他，我们也感到害怕。他独来独往，非常不愿意与人交往。他不欢迎人亲近他。有好几个星期，我们都不理他，让他自个儿去。后来有一天，贝克博士高声朗读了一篇有上进心的人写的剧情说明。那篇文字写得非常悲哀、夸张、华丽而又非常非常热切。我们当中有几个人提出了意见，接着轮到了尤金。他等了一会儿。最后，他毫无笑容地说：'把它删节到20分钟，给它配上小曲儿，一定会是一出成功的滑稽戏。'我们听了哄堂大笑。贝克博士也微笑起来。打那时起，直到我们大家在6月里分手，在集会时便出现了一种新的自然而又轻松缓和的气氛。"

有一次，韦弗和一个出入上流社会的名叫埃尔金斯的学生，在尤金离开教室时跟他结伴同行。这三个人到一家波士顿爱尔兰人时常去的、当然是被称为爱尔兰国花——白花酢浆草的酒馆里去。他们喝淡色啤酒，慢慢地吃自助便餐，一直吃喝到凌晨时分，谈些下流故事和他们亲身经历过的奇闻轶事，还大讲有关戏剧的理论。然后他们雇上一辆马拉的破旧车到坎布里奇去，在奥尼尔房间里重新继续闲扯到早晨五点钟。

韦弗有一本那天买来的埃德加·李·马斯特斯的《匙河诗集》。"当黎明来临时，"韦弗写道，"我坐在一只大衣箱上，埃尔金斯摊开手脚躺在床上，尤金则以他那令人伤感而有力的低音在一首首地朗诵着那本烦人的选集中的诗歌。"

跟费城怀德纳家族有亲戚关系的埃尔金斯有很多钱，而有权进入波士顿最高级的社交圈子。他是个健谈的人，很喜欢听尤金描述当年跟随他父亲的《基督山伯爵》剧团的往事。尤金对他的生活中的故事作了一些修饰。他描绘了流动工人营地的生活，描绘了在船上当伙夫的工作，描绘了在世界各地参与暴动和街头殴斗的情况。埃尔金斯有时带他的两个朋友到"灯塔山"餐厅去吃正餐。但是，正如韦弗表达的那样，尤金并未为"那些假绅士和优雅风度"所动。他穿一件邋遢的咖啡色法兰绒衬衫，保持着一种诙谐、傲然的神态。他以自己的社会观点使那些文雅之士大为震动，惊骇不已。

这三个朋友在德金餐厅吃午饭，那儿有准备得挺好的炖牛排和啤酒，或者在罗马餐厅吃意大利香肠喝红酒。有一次，尤金把他打算写的有关波士顿上流社会人物的一部喜剧勾勒出一个轮廓，并且部分作了表演。但是他从未将这部喜剧写在纸上。埃尔金斯不时地会带尤金和韦弗到剧院去。他会把可坐8个人的整个包厢包下来。等到这三个搞戏剧的学生舒舒服服地坐了下来，埃尔金斯就会以一种"惹人注目的浪费"的尊贵气派把无用的余票撕掉。而且尤金对这种有闲阶级的享乐明显感到开心，他所特有的、韦弗称之为"狂暴的激进主义态度"，仍继续不断地使他的同学感到震惊。韦弗对尤金在女人身上能激发起爱慕之情也有深刻的印象。

女人对尤金永远有一种内心冲动的倾向。在他嘴角上的冷酷、眼神中的机敏和话语以及双眸中蕴含的同情的奇异结合中，有着某种显然不可抗拒的力量。他并不漂亮，"但是有个姑娘告诉我，她无法把尤金的面貌从头脑中抹掉。他是无情而又古怪的，既蛮横又体贴，人家就是这样对我说的。"从女店员到"交际花美女皇后"，他一出场，她们全都好像会产生一种定向趋势。

就某种情况而言，尤金可说是个谜一样的人物。"所有我能报道的就是这种现象。"埃尔金斯、韦弗和尤金之间的友谊，由于一年之后学习的结束而终止了。在5月里一个沉闷的早晨，他们彼此分手道别了。埃尔金斯到西海岸去了，韦弗在芝加哥找到了一个工作。尤金在哈佛岁月中的收获，大部分是由于他跟贝克合作而取得的。他尊重贝克的评价，赞赏贝克的兴趣。他在哈佛写的大多数剧本都是低劣的，而且从未演出过。

第五章 战争岁月

灵魂必须经过心中血的沐浴方能展翅高飞。

——尤金·奥尼尔

1. 格林尼治村的生活

1915年春季，尤金的学习生涯结束了，他在格林尼治村租了一间房间，他继续每天花7小时的时间从事自己的创作。那段期间，他经常与他哥哥杰米见面。那时杰米常常到与第6号街和约翰·梅斯菲尔德曾经一度工作过的克里斯托弗大街相隔几个街区的一家酒馆里去。而那家酒馆的正式名称是哥伦比亚酒家，但是俗名叫"女工之家"。这家酒馆的老主顾中有个人回忆说，在这段期间，杰米衣冠楚楚，他总是斜戴着一顶呢礼帽。

杰米这时俨然已经成为了一名酒鬼。在他喝得醉醺醺的时候，他特别喜欢这样说："纽约的小伙子都是追随我的。"他会扭过头去看，用手梳理梳理自己的头发，并且转转两只眼睛。"纽约小伙子"是头戴着礼帽的一些排成纵队走起路来挺快的长脚汉。他们能够穿墙过户。尤金的一个朋友阿尔特·麦金利回忆说，杰米的那张嘴实在尖刻，有时候简直"能够咬断钢条"。而且他仍谈论着要在报社找个工作。

别人都说他是个非常典型的爱尔兰人，他那热情开朗的外表，实际上是对内心痛苦的一种掩饰，因为他一直未能消除他的不安感。打从他父母把他放在诺特·丹姆幼儿园时起，他就觉得自己是个没人要的孩子。杰米很爱自己的母亲，因此他对母亲染上毒瘾深感不安。长大之后，他一直想当个新闻记者，但是他父亲却要他当演员。杰米憎恨舞台，完全没有他父亲那样的演戏才能。而最后，当他认识到他弟弟身上表现出来的那种明显的天才迹象时，他无法抑制住自己的嫉妒。他为此而憎恨自己，然而即便是借酒浇愁，他也不能抑制住这种感觉。

大约在1915年下半年，尤金在哥伦比亚酒馆南面四个街区的地方也找到了一家适合自己口味的酒吧。从此以后，他就成了那里的常客。这家酒吧名叫"金色天鹅"酒馆，但大家都管它叫"地狱"酒馆。他有相当长一段时间——整整一年——经常去那儿喝酒，又恢复了住进疗养院之前的那种生活。30年后，他在舞台上再现了这家酒馆——也就是《卖冰的人来了》一剧中哈里·霍普的酒吧。

尤金再次沉迷于酗酒，并且延续了很久一段时间。在此之前不久，他到新伦敦探望了一次父母亲，并跟穆里尔恢复了友谊。但是情况已经发生了变化。穆里尔此时已对另一个人发生了兴趣，并且正打算结婚。而奥尼尔却显然没有结婚的打算。于是他们同意，还是中断来往为好。他们友好地分了手。尤金把她所有的来信都还给了她，而她却把他的信保留了一段时间，最后终于付之一炬。作为离别时的礼物，尤金送给她一本《渴》。

奥尼尔跟穆里尔和比阿特丽丝的友谊，都是他醉心于把"漂亮姑娘"理想化的实际例子。在这一时期，他常去看望比阿特丽丝。他那时27岁，比阿特丽丝比他小十几岁。尽管他已经结过婚，而且有一个儿子，可他的爱情却依然充满了年轻人的罗曼蒂克。两人仿佛都是中学时代的少年。

一个十分熟悉奥尼尔的新伦敦人，谈起这个时期的奥尼尔时说："他总是那么郁郁寡欢，总是那么悲天悯人，总是那么沉思冥想。天哪，年轻的尤金每次盯着你看的时候，好像总是能把你完全看透了，一直看到你的灵魂深处。他从来说得不多，但每当他说话的时候，总是轻声细语的。他也很聪明，总是不停地看书。我们这一带全是爱尔兰人，我们熟悉这种类型的人。他是个地道的'黑色'爱尔兰人。"

所谓黑色爱尔兰人，脸上总有点非爱尔兰人的特征。有的人把这归咎于可能有西班牙血统，认为是西班牙在爱尔兰驻军和西班牙无敌舰队某些舰只在爱尔兰沿岸沉没的结果。典型的黑色爱尔兰人有着黑头发、黑眼睛，还有一种叫人难以捉摸的性格。

在后来的几年里，尤金的一个朋友说，这位剧作家使他想起关于诗人但丁的一个传说。拉韦纳人一看见诗人但丁走过来，就溜到街对面去。他们不愿正视他的眼睛，他们相信那双眼睛是看过地狱恐怖场面的。

"我对奥尼尔也有这种感觉。"这位朋友补充说，"你和他说话的时候，他常常会突然之间陷于沉默，很久一言不发，只是直愣愣地盯住你看，叫你心里觉得，仿佛他要对你说：'我知道你为人不错，但是如果你的眼睛看到了我这双眼睛见过的一切，你就会赶快回家，回到你老婆和孩子那儿去，不再指望我会是个好人。'"

但是另一方面，他这段时期的一些女朋友，其中至少有一个却认为他是"一个讨人喜欢的伙伴，他根本不是许多人描绘的那种阴郁悲观的人。"奥尼尔跟他那位比阿特丽丝的友情，在他们相识大约两年之后就结束了。比阿特丽丝最后嫁给了一位军官。那位军官后来成了美国海岸警备队的将官。

2. 战争来临

1917年3月，美国与德国的战争一触即发。这时奥尼尔在约翰·弗朗西斯商店楼上的那所公寓正在重新装修。他和迪·波罗暂时住在新中央饭店。闲着无事可做，他们便常常沿着海岸长时间地散步。奥尼尔眼里露出喜爱和想要占有的神色，看着梅布尔·道奇·卢汉重新修建而后被放弃了的海岸警备哨所。这哨所就坐落在普罗文斯顿城外3英里处的皮克德·希尔·巴斯，孤零零地矗立在大洋岸边。有时候，如果天气好，他就会拿出黑色箱子里的手提式打字机，在沙丘当中写作起来。

有个名叫鲁本·奥·凯利的警官，相信奥尼尔必定有一架无线电，一定是在接收德国潜艇发来的无线电报。3月19日中午，凯利在新中央饭店的房间里逮捕了奥尼尔和迪·波罗。据普罗文斯顿的辩护律师说，这个警官是按照美国北特鲁罗海岸警备区的要求把这两位作家拘留起来的，因为有人看见他们沿着海岸闲逛。凯利事先征询了司法部门的意见，为避免被反控误捕罪，是以流浪罪控告他们并将他们关进监狱的。

美国情报局波士顿办事处接到有关这次逮捕的报告后，派遣了艾金特·弗雷德·韦安德前往普罗文斯顿搜查奥尼尔和迪·波罗的住房，检查他们的证件。直到第二天上午10点，他才开始对他们进行审讯。与此同时，普罗文斯顿谣传说，这两个人是全副武装的，而且在被捕时拔出了左轮手枪，说他们有企图占领整个科德角海港和城镇及其所有无线电台的一套完整计划。

奥尼尔和迪·波罗被带到美国第二地方初审法院法官韦尔什处，韦尔什发现他们没有犯流浪罪，于是他们便被释放了。按照玛丽·沃尔斯的说法，情报局留下了一名特工人员待在普罗文斯顿值班，并训示这个特工人员要检查奥尼尔的所有信件。但是，这个特工人员却跟奥尼尔成了好朋友，并且经常在"大西洋之家"共进早餐。在用早餐的时候，这个特工人员就会让奥尼尔知道他在那天上午的来信中能得到什么消息。

"喂，尤金，"这位特工会说，"你母亲寄给你一封信，但是你的女朋友今天可把你忘了。不过还是有人给你送了一条针织领带。"

那一年春天，奥尼尔便把一个无辜的男子被指控为间谍这一题材改编成了一部独幕剧《在禁区》。他把场景安排在一艘船的简陋舱房中，那艘船正在穿越潜水艇出没的海域。全体乘员都怀疑他们当中的一个人是德国间谍，因为有人看见他经常带着一只小黑匣子，而那只小黑匣子他是看管得非常严实的。最后，这个人的同船伙伴抓住了他，夺过了他的小黑匣子，并且把它打开了。原来匣子里面放的是一些信和几片玫瑰花瓣，是一次悲惨的恋爱故事的一些珍藏遗物。有个人大声朗读这些信件——那位姑娘非常爱这个男子，但是却抛弃了他，因为她知道他戒酒已经失败了。那个听到自己的私信被人高声朗读的水手，痛苦地呻吟着，而同舱的他的伙伴则羞愧地坐在那儿一声不吭。

这部剧作是具有戏剧性效果的。它最突出、最明显的影响效果不是来自台词对白，而是来自身体动作——控告者打开了那个看上去不吉利的匣子，一片枯萎的玫瑰花瓣飘落到甲板上。奥尼尔后来转而反对这部戏剧，因为他认为这部戏剧过于肤浅，老一套，"精明的戏剧性技巧太多了"，不过他最不满意的是《在禁区》变成了一出"有名的轻歌剧"。奥尼尔的几部以海洋为题材的剧本后来被编纂为电影《回乡的漫长航行》。在这部电影里，打开那只黑匣子是用来当作一种戏剧性——或者是情节剧的——高潮处理的。

3. 炮火中的创作

1917年4月4日，国会对威尔逊总统的意图作出了响应，以82票赞成，6票反对的比数投票批准了对德意志帝国宣战的声明。普罗文斯顿像全国其他地方一样，热烈支持总统的理想主义目标——确保世界上的民主。普罗文斯顿的征兵定额为38名，而报名应征的却有300人，尽管奥尼尔对这次战争的目的说过一些抱怨和冷嘲热讽的话，但他还是试图隐瞒自己的结核病病史而应征参加海军。但是据他自己后来说，他因某些"小毛病"而未被批准。这次挫折使他非常痛苦，以致他连写作也停止了。尽管奥尼尔曾经自愿在海军中服役，可他连当一名步兵的希望都没有。

6月里，他到新伦敦去探望家人。他发觉他父亲已经在报上吹嘘奥尼尔父子都是战士了。詹姆斯·奥尼尔宣称，尽管他本人老得不能服役了，但他的两个儿子毫无疑问会尽自己的义务。尤金和他父亲在战争问题上又没完没了地争执了起来。詹姆斯·奥尼尔宣扬的爱国主义美德越是慷慨激昂，尤金表现出来的反战情绪就越厉害。当他走访新伦敦征兵局的时候，他对征兵局工作人员说，他曾打算应征参加海军，但是已经被拒绝了。征兵局的人告诉他，他现在是接受征兵局的命令，而不是听命于海军，他得参加陆军。

新伦敦征兵局的"乡巴佬"摆布他的命运，这使尤金感到愤慨。他对父亲说，他曾经听说陆军兵营的条件是无法忍受的，人就像苍蝇那样死掉，任何一个容易感染结核病的人都肯定会死。奥尼尔这时情绪变得更为激动，他说，他宁死也不会参加陆军。他愿意为祖国效劳，但是他不愿意为她去自杀。他大声叫喊着说，他要教训教训征兵局，告诉他们应该怎样为这场战争做点好事。平静下来以后，他申明自己是个结核病患者，只不过病情已被控制住罢了，因此要求免服兵役。

打从离开疗养院以来，那年春天和夏天，他喝酒喝得比任何时候都凶。他不仅跟他父亲吵架，而且跟他当时的新伦敦女朋友比阿特丽丝争吵。他们彼此间关于战争观点的分歧，是他们关系破裂的原因之一。阿尔特·麦金利回忆说，他从来没听到任何人像尤金那年初夏那样，对战争议论得如此厉害。一天晚上，尤金·奥尼尔显然十分烦恼，他打电话给麦金利，要求跟他会面。尤金又大谈特谈起战争，说这场战争完全是受大企业操纵的。

他父亲说，尤金的那些话是煽动性的。他不能理解，他这个做父亲的是个如此忠诚于美国的公民，他的儿子怎么会有这样的看法。当然，他补充说，尤金一直喝酒喝得很凶。前一天的晚上，他们争论的时候，他甚至把家里的一些东西给砸了，但是这个老演员并没有完全丧失分析能力。

"我想，"詹姆斯·奥尼尔说，"也许是新伦敦搅得他痛苦不安。他昨天晚上对我说，我是美国最坏的演员。对于一个父亲来说，听到自己亲生儿子说出这种话来是可怕的事。但是，我也得替他说句公道话，他作了一些修正。他说，我是全国倒数第二个最糟的演员。他说，最坏的是科斯·佩顿。"麦金利赞成把尤金从城里带走。尤金认为麦金利是个了不起的才子，经常激励他去从事一些幽默作品的写作。他曾邀请他到普罗文斯顿去，如今是该去的时候了。

他们在1917年夏天的一个凌晨离开了新伦敦，然后在波士顿登船驶往普罗文斯顿。途中，尤金把他的一瓶威士忌酒送给了船员。大家正喝得高兴，这时船长突然出现了。他对奥尼尔和麦金利说，要是他们不规矩点，不停止供给船员酒精饮料，他就要给他们戴上手铐。

他们抵达普罗文斯顿的时候，受到了普罗文斯顿剧团派出的接待委员会的欢迎。这批人前往一家酒馆，在那里举行了欢迎酒会。麦金利对于向他朋友表示的这种热诚感到十分惊奇。他说："这些人不论男女，都是些在文学、艺术、音乐或相关领域里有所建树的人，但对奥尼尔的见解，都由衷地尊重。我从未见过像他这样的人，知识竟是如此渊博。无论话题涉及历史、科学还是政治，尤金都能应付自如。他实际上没受过正规教育，这就更加了不起。"

麦金利对普罗文斯顿剧团一旦有了进一步了解之后，便对他们那些高深的议论钦佩不已。他告诉尤金，与这些人相比，他在学识上深感自愧不如。"你根本不必觉得矮半截,"奥尼尔对他说,"他们谈的全都是些理论,并没有生活经验做基础。你有更为丰富的生活经验,知道的比他们更多。"对于家务,奥尼尔一向马马虎虎。有一次奥尼尔把一锅燕麦片放在灶上准备晚餐。可计划改变了,他就出去就餐。这年夏天结束的时候,这一锅燕麦片仍旧放在灶上没动。

紧接着奥尼尔突然戒了酒,全力以赴投入写作。他整天埋头写作,有时干到深夜。在特别闷热的日子里,他就把那架用旧了的手提式打字机拿出来,放在沙丘上工作,在那儿一直干到天黑。自去年来到普罗文斯顿以后,这已是一种固定的规律,每经过一个时期的酗酒,他总要安下心来进行创作。此后的7年时间里,一直是这样循环往复。在纽约或是新伦敦喝了一段时间酒之后,他就会回到普罗文斯顿同他的悔恨和负罪心进行斗争,并着手进行工作。

1917年夏天的大部分时间,奥尼尔一直在为另一部短篇小说进行奋斗。包含着《毛猿》构思萌芽的这部短篇小说始终没有出版。这部小说写的是一个人企求有所归依的愿望:希望有所归依,却又无所归依,不希望孤独,却又总是摆脱不了孤独,这就是奥尼尔在他的作品中经常表现的主题。他特别感到自己是个多余的人。海军拒绝了他,他父亲由于他不愿意加入陆军而生他的气。他的新伦敦女朋友也非难他。后来,在一些信中,奥尼尔把自己这种孤独感同他的角色渴求有所"归依"的愿望视作同一回事。

据说,要了解和把握普罗文斯顿剧团的演员所起的重要作用,我们必须想象一下,如果没有那个剧团,如今的美国戏剧会是个什么情况。由于奥尼尔的坚持,普罗文斯顿的演员剧团把他们在纽约的剧院称为剧作家剧院。

这个剧团的目的，在组织章程中就写明是要"建立一个舞台，使得那些对诗歌、文学和戏剧怀有真诚理想的剧作家能够看到他们的戏剧在这个舞台上演出，并且亲自指导这些戏剧的演出，而无须听命于商业经理根据观众的口味所作出的裁决。"

在不满十年的过程中，这些演员演出了93部新戏剧，产生了47位剧作家。他们抹去了加在他们身上的"业余爱好者"那种不光彩的名称，因为无论是百老汇的舞台监督还是爱看戏的观众，两方面都知道，这些为了个人的满足而培植了戏剧文学的作家和演员，全是具有特殊天赋才能的人。

到1925年时，全国各地已有1.9万家"小"剧院。普罗文斯顿的演员剧团，造成了这样一股戏剧热，以致巡回剧团的衰落由于社会团体和大学剧团的出现而抵消了。剧院变得不那么依赖于纽约戏剧评论界心血来潮的怪念头和各种决定了。华盛顿广场演员剧团、四邻剧场和吉尔德剧院都从普罗文斯顿演员剧团得到了好处。

所有这一切，使人联想到，演员剧团在有关美国戏剧文学方面的最大成就在于：它介绍了新型的舞台表演和扮演方式，而最重要的是介绍了具有某种深度、涉及美国人的生活和思想、构成美国戏剧文学核心的那种新型戏剧。在其产生的早期，这一批人采纳了奥尼尔强烈鼓吹的一项原则，即只演出美国剧作家的剧作。

1917年秋天，尽管在战时，普罗文斯顿演员剧团还是在麦克杜格尔大街139号继续进行活动。他们的剧作家剧院正吸引着全国的注意。奥尼尔从普罗文斯顿出来参加彩排，而且作为一名委员会成员，协助为新的一个季度制订计划。在他的一次访问中，他差一点

尤
金
·
奥
尼
尔
传

071

儿在一场歌剧的一次暴力冲突中丧生。

与普罗文斯顿演员剧团进行合作的人之中，有一个有趣的角色，那就是克里斯廷·埃尔，她长得又高又大，长着满头红发、一张大嘴和一双绿眼睛。她既不是个作家，也不是个女演员，只是在剧院二楼拥有租用权，她为剧团那帮人按每客0.60美元提供膳食。她的丈夫路马斯·埃尔为演出做些舞台上用的木器。

克里斯廷把门厅当做卧室，安排她那上了年纪的母亲歇宿，她母亲不仅把整个剧团的人看作不信上帝的人，而且认为他们全都是魔鬼的代理人。有一天晚上，她得知奥尼尔一直在鼓励克里斯廷去朗读尼采的作品，她对于这种腐蚀她女儿的新企图感到愤怒，于是只穿了一身羊毛长内衣，手里挥动着一把切肉用的大菜刀，冲进了剧团人员聚会的那间屋子。奥尼尔试图让她安静下来，可最后只得被迫退了出去。

后来，剧团这批人搬进了麦克杜格尔大街133号，距离富人住宅三间门面的一间马厩里。当路易斯·埃尔帮忙把这间马厩改建为剧场的时候，他为人们老是不关门而大为生气。他贴了一张告示，上面写着："请随手关门。你难道是在马厩里生的吗?"一面墙上还留着一个系马的铁环，剧团中有个人把它擦亮了，然后在下边贴了一张标签："这儿是系诗神坐骑飞马的地方。"

剧团的演员们那年冬天演出了奥尼尔的三部独幕剧，即《在票区》、《回乡的漫长航行》和《鲸脂》，全都是海洋剧。在《回乡的漫长航行》中，水手奥尔森对他母亲和兄弟生活的那个瑞典农场是十分怀念的。奥尔森经常只喝一点不含酒精的饮料，然后向一个名叫弗雷达的姑娘谈起他的农场和他的母亲。他母亲年事已高，说不定没多久就要死了。那姑娘把麻醉药偷偷放进了奥尔森的饮料中，使他被送回到海上最出名的一艘破船上——又回到了他企图逃避的海上。

这部戏剧表明了奥尼尔所说的人对"那一边"好的生活的渴望的一个方面。那个水手渴望上陆地、在农场过好日子，而农民则向往着地平线那一边——也许是大海，也许是遥远的某些地方。从技巧上说，这部剧作组织结构并不怎么好，因为就像奥尼尔许多早期剧作一样，它依靠的是巧合；奥尔森的悲惨遭遇并不是他本身内在力量造成的结果。可是不管怎样，台词对白是出色的，每个角色一出场就栩栩如生，而且这出戏很有戏剧的特点，台词虽然不多，却取得了很强的戏剧效果。

当《回乡的漫长航行》拍摄成电影时，剧中的感情在影片中得到了再现——剧中的那些人靠海为生，同时仇恨大海，但是最后又总是由于某种原因而不得不再回到大海，心中满怀着幽怨之情。奥尼尔在这部剧作中创造了一种基调，这一基调在《安娜·克里斯蒂》、《毛猿》和另外几部比较成功的作品中也是贯穿始终的。奥尼尔后来说过，在他所有的作品中，都有因果报应。记住奥尼尔的这句话，那么这出戏的结局也就是理所当然的了。奥尔森的罪过也许在于他明知应该回到他母亲那儿去，可他却只顾着和弗雷达说话而耽误了时间。弗雷达由于对金钱的贪婪而堕落。奥尼尔使生活悲剧的概念具体化了，后来他经常运用这一概念。

1917年冬天写成的独幕剧《鲸脂》是一部可以与《加勒比海的月亮》、《东驶加的夫》和《回乡的漫长航行》相媲美的作品。同样属于那个时期的美国最佳独幕剧。在这部剧作中，一个船长偕同妻子一起出海航行。他们在海上已有两年之久，而今正等待海中的冰层破裂。他的妻子就要发疯了，摆弄着一架手摇风琴，发出奇奇怪怪的声音。

起初，船长拒绝掉头回到陆地去。水手们因渴望看到陆地爆发了哗变，他硬是镇压了这场哗变，不想回头。但是，他妻子的病情变得越来越严重，这时他才开始回心转意。可是就在这时候，冰层开始破裂，5英里之外发现了鲸。"我现在可不能掉头回去啦，你懂吗？"他对他的妻子说。他的妻子这时已经完全精神错乱，发了疯，拼命摇着手摇风琴，发出阵阵节奏错乱的声音。"我必须搞到鲸油！你说是吗！你没疯，对吗？"

这是一部以描写主人公彻底失败为题材的剧作。船长这个角色完全被傲慢和贪婪腐蚀了，大海赢得了胜利。邪恶再次受到谴责(虽然那位妻子真正的罪孽是什么并不清楚——也许是她对大海最初抱有浪漫的幻想)。《鲸脂》表演得十分出色，因为它格外动人，富有刺激性，而且手摇风琴的音乐是一种惊人成功的设计。

尽管奥尼尔对于普罗文斯顿剧团来说有着卓越的地位，但他依然没有在工作之余去参加剧团成员为艺术而高谈阔论的那份热情，他仍然感到自己在他们之中是个局外人。他宁愿在那些使他感到舒适自在的人中间消磨他的闲暇时间——通常在附近的"地狱"酒馆消磨时光。然而对于剧团里许多具有吸引力的女人，他却是一个又一个交往不断。不过其中只有一人与他可以称得上有"暧昧"关系——这人名叫路易丝·布赖恩特。

布赖恩特小姐过去曾嫁给一个中西部小镇上的牙科医师。她早在1916年就加入了普罗文斯顿剧团，并且在同年秋天由剧团演出了她写的一个剧本——《娱乐》。她个子挺高，曾被人描写成"模样儿标致，长着一头柔软的黑发和一双湛蓝的眼睛"。据说她还有一种爱尔兰美——这种美可能就是她吸引奥尼尔主要的魅力所在——和一种变幻无常的脾气。她的思想异乎寻常地开放，据梅布尔·道奇·卢汉说，布赖恩特小姐认为，女人可以同时爱两个男人，并且她在自己与奥尼尔和约翰·里德的关系上把这种信条付诸实践了。在传说她与奥尼尔有罗曼史之前，她曾跟里德同居，后来里德去莫斯科，在苏联政府任职，她则以里德夫人身份陪同前往，直至里德1920年逝世，她一直和他留在那儿。

第六章　第二次走入围城

> 幸福的结局仅仅是一个文采华丽的先行子句结束时的逗号，真正的主句还没有写出来。
>
> ——尤金·奥尼尔

1. 第二任妻子

在普罗文斯顿剧团期间，尤金与路易丝·布赖恩特的交往越来越密切。有几个熟悉这一时期奥尼尔情况的女人说，他不是通常意义上所说的那种讨女人喜欢的男人，然而却是"可爱的"，精确地说，并非肉体上的可爱，而是善于以友好的态度对待女人。"当你遇到他的时候，"这几个女人中的一个说，"他就像个亲爱的兄长。他会用双臂拥抱你，可能还会吻你，但那只不过意味着，他想要成为一个可爱而又充满深情的人。凡是最终和他上床的女人，一般说来都是想借此使他就范，最后结为夫妻。"

而路易丝·布赖恩特并没有成为尤金的妻子，1917年秋天，奥尼尔遇到了后来成为他第二个妻子的那个女人，阿格妮丝·博尔顿·伯顿。当时，她是个24岁的寡妇，有一个一岁半的女儿。她的家在费城，她本人1893年9月19日生于伦敦。她的双亲均系英国血统。她是几部经典儿童读物的作者玛格丽·威廉斯·比安柯的侄孙女；玛格丽·威廉斯·比安柯的丈夫弗朗西斯·比安柯曾用意大利文写过诗。阿格妮丝的父亲爱德华·W.博尔顿是个颇负声誉的画家，曾在费城和纽约两地举办过画展。爱德华·W.博尔顿曾授业于弗雷德里克·埃金斯，并帮他为沃尔特·惠特曼的遗容制作过脸部模型。他曾帮助创建了费城学生艺术团，并被选为该团的第一任主席。

阿格妮丝幼年时期是由家庭女教师照料的。后来她进了费城附近前沙伦·希尔圣婴修道院。她母亲是天主教徒，将阿格妮丝一生最早的7年奉献给了圣母玛丽亚。但她父亲却不是天主教徒，一点也没有他妻子的那种虔诚。阿格妮丝最后终于脱离了教会。

她曾在费城工艺美术学校攻读美术，但后来又改变了要当一名画家的梦想，而决心成为一名作家。16岁那年，她发表了第一篇短篇小说，并且没几年工夫，就常为弗兰克·A.芒西出版的通俗杂志撰写故事，并且依靠稿费生活得不错。她也曾为《漂亮的伙伴》和其他杂志写过一些文学性的短篇故事。她的两部短篇小说被收入了爱德华·J.奥布赖恩编的每年出版一卷的《最佳短篇小说》选集。

1917年，阿格妮丝住在康涅狄格州康沃尔桥一个占地350英亩的农场里，离她父母所在的伍德维尔的农场不远。她常常把出生不久的女儿丢给她母亲照料，自己去纽约拜访杂志编辑，看望老朋友。

1917年10月底，阿格妮丝来到纽约，在布雷武特饭店租下了一个房间。当她打电话给她的朋友克里斯廷·埃尔的时候，克里斯廷建议在"地狱"酒馆见面，并告诉她说，那地方是格林尼治村新开的一个有趣场所，有好多作家在那儿聚会。克里斯廷还详详细细地说了她怎样才能找到那家酒馆的那个后门，进入"那个后间"。

阿格妮丝在克里斯廷之前到达了"地狱"酒馆。那些神态古怪的顾客，以及那地方不祥的气氛引起了她的兴趣。她特别注意到一个身材消瘦、脸色黝黑的男子，直愣愣地盯住她看。在"地狱"

酒馆，这样一个陌生人引起尤金·奥尼尔的注意是并不奇怪的。阿格妮丝是个引人注目的漂亮女人，体型匀称，皮肤白里透红，有着波浪形的金发、清澈的蓝眼睛，还有一张有趣的高颧骨、棱角鲜明的脸。

克里斯廷一到，奥尼尔就穿过房间朝她们的餐桌走去。克里斯廷把他介绍给阿格妮丝，他就跟她们一道坐下。很清楚，他一直在喝酒，但他还没喝到令人不愉快的程度。在"地狱"酒馆，他使朋友愉快的一个办法就是背诵诗歌。他特别喜欢背诵弗朗西斯·汤普森的《天堂猎犬》中那几行反复出现而又押韵的诗句。他第一次背诵那些诗句，是在5年以前，在盖洛德疗养院的时候。

奥尼尔一定是以远远超过普通酒馆里诗歌背诵者的那种口才背诵了这首诗。他这一时期的一名作家听众，名叫多萝茜·戴，听了他在"地狱"酒馆的诗歌背诵，十分激动地说，她观察了自己的整个生活，最终接受了天主教的信仰。她创建了《天主教人士》，并成了《天主教人士》的编辑；她还在纽约巴华利街为无家可归的人建造了一幢新区住宅。

奥尼尔后来把阿格妮丝送到她的饭店旅馆。当他在布雷武特饭店前面向她道别时，他对她说："从今以后，我愿意把我一生中的每一个夜晚都花费在同你相聚上。我说的是心里话，就是一生中的每一个夜晚。"

第二天晚上，奥尼尔在克里斯廷·埃尔举办的一次聚会上又遇见了她。在纽约的那些日子里，他常常随身带着一瓶或是一品脱威士忌酒，借以壮胆，与人应酬。很显然，威士忌酒能使他自欺欺人地感到自己仿佛变成了另一个人。

聚会上有许多人注意到，阿格妮丝和奥尼尔的老相好路易丝·布赖恩特之间有某些相似之处。那天晚上，他以戏剧性的手法，把一只大钟的指针拨了回去，叫喊着说："让宇宙倒退回去，还我昨天。"但并没有进行解释，但是在场的那些人都认为，他所希望退回去的那个时间就是他跟路易丝·布赖恩特交往的那个时间。

对阿格妮丝来说，"那充满嘲讽意味的大笑声——有时粗俗放荡，有时又痛苦异常——仿佛是张假面具，镶嵌在他那张激动不安的脸上。"她走到他面前说道，"还记得我吗?""是个寒冷的夜晚——适合于举行晚会的夜晚!"他回答道。"卖冰的人来了。"这就是那天晚上他们彼此说的所有的话。不过，她已经爱上了他。

在接下来的几个星期和几个月里，尤金继续为阿格妮丝背诵诗歌，以欧内斯特·道森、拜伦和雪莱的诗句向她表达爱情。她被他那种痛苦的羞怯和对保护的需要深深打动了。阿格妮丝在奥尼尔身上看到了一个敏感的诗人，也看到了一个革命者。尽管他对她的吸引力在于他激起了她心中的母性本能。但他同时也是个男子汉——充满了力量，而且有点粗鲁。

但是，她说，使她比任何东西都更感兴趣的是他"作为人，作为艺术家和作家所具有的那种创造性，那种创造力"。她将会为他而去对付整个世界，因为她相信，艺术乃是生活的根本缘由。奥尼尔说话的时候，阿格妮丝神情严肃地倾听着，脸上带着温存的笑容。她全身洋溢着对生活的信仰、希望和坚定的信心。

奥尼尔向阿格妮丝谈到笼罩着他的那种恐怖感。"他把生活看做一场灾难，既没有愿望，也没有好奇心去探索他自己视野之外的一切。他热爱自己对生活所抱的悲剧性看法，而且不会为这个世界放弃这一看法。"阿格尼丝说。她以友好的笑声来面对他的恐惧和他那种变得麻木的沮丧。正如他写给她的信里所说："你以一阵笑的气息吹走了我那'灾祸之山'，使我们更近了！"

那年冬天，奥尼尔由于向阿格妮丝求爱，显出比以前任何时候都更为快活，然而他仍然是个反复无常的古怪情人。有一次，在通宵酗酒之后，他用他从航海中学来的语气对她(阿格妮丝)破口大骂了一通。显然，根本没有什么理由。他心中充满了恶意，甚至充满了憎恨。对他那些照理应该算得上朋友的人，毫不客气地进行冷嘲热讽——而当着这些人的面，他一向是客客气气的。

1917年秋天，奥尼尔已很少写作，而且到了秋末，他变得心神不宁起来。他非常希望回到普罗文斯顿去，而且要阿格妮丝跟他同行。他没有财力结婚，因为普罗文斯顿演员剧团是不付版税的。事实上，他仍旧需要从他父亲那儿领用每日1美元的津贴，不过，阿格妮丝还是同意跟他一起走。

然而，在他们能够动身离开之前，尤金不得不履行他早先答应他朋友路易斯·霍利德要一起度过夜晚的诺言。霍利德当时不在，希望庆贺一下这段浪漫史的愉快了结。霍利德回来的那天白天，尤金匆匆跟他见了一面，两个人约好傍晚时再见。但是那晚的约会始终没有实现。霍利德的美好期望突然被她所爱的一个女人给毁了，而且没几个小时以后他就在一家餐厅里自杀了。跟他在一起的一个朋友，于是立即冲到奥尼尔面前要求他马上赶往那家餐厅。但是奥尼尔受到的震动太大了，正如他遇到任何噩耗时通常反应的那样，他不肯去。但是他去了"地狱"酒馆，在那里喝得烂醉。几天以后，尤金便和阿格妮丝动身前往普罗文斯顿了。

1917年和1918年之交的冬天，他们是在约翰·弗朗西斯租给他们的一间用火炉取暖的工作室公寓里度过的，生活得挺愉快。春天，他们接到通知：《在禁区》改编为喜剧，演出版权已经推销出去了。而且将由基思·奥菲厄姆巡回剧团演出44周，版税将是每周50美元。尤金立刻要求阿格妮丝跟他结婚。详细计划由一位作家艾丽丝·伍兹·厄尔曼负责安排。阿格妮丝记得这位作家是个"头发金黄带灰、面容十分和善、漂亮而又神情欢快，颇有魅力的女人"。1918年4月12日傍晚，尤金和阿格妮丝在一位长老会牧师家里举行了婚礼。

2. 婚后的日子

自从奥尼尔回到普罗文斯顿以来，他一直坚持不懈地从事写作，并且在1918年初写成了两部独幕剧《划十字的地方在哪儿》和《爱梦想的小孩》。在第一部剧里，一个退休海船船长的儿子跟一位医生安排好，把那个老头送进疯人院。

剧中写道：那位父亲曾一度被放逐到一个海岛上，他在那儿发现了一大批宝藏，并且把宝贝埋藏了起来，还知道他把一张指明埋藏地点的地图随身带回家了。这位船长后来派出一批船员去发掘那批宝藏，但是他们那艘船失事了，所有的人全死了。自那以后，他就把一张地图的副本给了他的儿子，而把自己关在像他那船舱一样的顶楼里不出来了。现在这个老头已经精神失常，而这个儿子也被他父亲的梦想和自己的贪婪弄得神魂颠倒，烦恼不堪。为了使自己获得解脱，他烧掉了他的那张地图，并决心把自己奉献给他自己的理想，去完成他一直在写作的一本书。

正当疯人院护理人员来带老头走的时候，这个做父亲的就死了。他的一只手上还拿着另一张宝藏地图的副本。那个做儿子的一看见地图，贪婪之心又死灰复燃了。这部剧作最为明显地反映了奥尼尔的这样一个主题：人类因为贪婪地追逐黄金，结果沉沦堕落。角色在做任何动作之前先向观众宣布他们的意向。那些动作包括表现其疯狂性、埋藏宝贝和先后展示三张地图，而且动作和一只忍着多重骨折疼痛的长胳膊相一致。

《爱梦想的小孩》讲的是一个情节过于夸张的故事，一个黑人杀人凶手来到格林尼治村，回家探视他那临终的祖母。此时他正被警察追捕。他的女朋友跑来给他通风报信，但他拒绝离开，因为，如果他在他祖母逝世之前走，他说，她的临终诅咒会给他的余生带来厄运。警察来了。他的祖母请求他为她祈祷。祖母告诉他说，在他还是个婴儿的时候，他就获得了一个"爱梦"的昵称，因为他"那双大眼睛一直在梦想，梦想"。当门外的警察传来一阵声响时，祖母死了。"爱梦"一只手握着手枪，另一只手握着他祖母的手。"他们休想抓到'梦孩儿'，休想活捉他！我向上帝发誓，绝不会！"奥尼尔对这部剧作还算比较满意，曾将它收入1934年他的手卷集剧作选中，这部剧作并不十分深刻，而且显然是夸张的情节剧。

奥尼尔在写《天边外》，而阿格妮丝则在创作通俗小说，他们的生活过得十分平静。可是有一天，他们接到了路易丝·布赖恩特的一封信。她要尤金回去，而且在信里说，她"是穿过苏联走了3000英里"来看他的，他必须立刻在纽约跟她见面。奥尼尔相当苦恼。他把路易丝对他说的话告诉了阿格妮丝：尽管路易丝嫁给了约翰·里德，但约翰是个病人，不能跟她过正常的夫妇生活。阿格妮丝当然不同意尤金去纽约，但同意他们在福尔里弗见面。路易丝一怒之下，很快就回到苏联去了。约翰·里德于1920年辞世，1923年路易丝便同威廉·C.布利特结婚了。威廉·布利特是美国驻俄大使。几年之后他们又离了婚，而她便在巴黎夜总会了结了她一生的岁月。

这之后不久，奥尼尔就完成了《天边外》的手稿。这部剧作的构思，是他在布宜诺斯艾利斯到纽约的航程中，从一个挪威籍水手那儿得来的。这个水手总是诅咒他离开自己农场的那一天，诅咒20年前他出海的那一天。在海员当中，这是一件大家都知道的伤心事，而奥尼尔却明白，这是个注定不会"安分守己待在家里的人"。但是，这位剧作家着手去思索的是在类似情景中塑造"一个更理智、更有教养的典型"。在这样一个人身上，那种"天生的对动荡不定的大海的强烈渴望"，将"由于理智的作用而弱化为一种模糊的、难以捉摸的流浪癖。他的反抗的力量，在精神和肉体两方面也都会相应地减弱下去"。

思索的结果产生了一个描写兄弟俩和一个姑娘的故事——梅奥是个讲究实际的人，一个有前途的农民；罗伯特·梅奥则是个幻想家和诗人；名叫鲁丝的姑娘原来很有可能成为安德鲁的妻子。罗伯特已经签约，跟他叔叔的船出海；他就要去探索"隐藏在天边外的秘密"。然而，在他就要动身的那天傍晚，他对鲁丝说，他爱她，而鲁丝这时也认识到她真正爱的其实是他。她同意嫁给他，于是罗伯特便打消了流浪的梦想。安德鲁听说此事后就放弃了农场，顶替了罗伯特的位子，出海远航。

几年以后，安德鲁发了财，回到农场看望他们。罗伯特继承农场之后，由于不善经营，把农场搞垮了，自己也染上了肺结核病。鲁丝变得十分痛苦，她开始憎恨自己的丈夫，这时她才意识到她本该嫁给安德鲁的，但是安德鲁很久以来已经从"愚蠢无聊的爱情"中清醒过来了。在最后一场，罗伯特拖着沉重的脚步爬上了山顶，再次朝他热爱的天边外眺望。鲁丝和安德鲁在那儿找到了他。这个梦想家告诉他的兄长，要好好待鲁丝，因为她已经受够了折磨，至于他本人，他乐于去迎接死亡，以求解脱。罗伯特死了，而鲁丝则凝望着安德鲁，"呆滞之中带有一种枯竭了的凄楚、卑微之情。"

《天边外》为奥尼尔最终赢得了他的首次普利策奖。普利策奖包括新闻奖和艺术奖两大类，其中新闻奖主要有：公共服务奖、报道奖、社论奖、漫画奖、批评评论奖、通讯奖、特写奖、新闻摄影奖等；艺术奖有小说奖、戏剧奖、诗歌奖、美国历史作品奖、自传或传记奖和非小说作品奖；音乐作曲奖1项。另外，还颁发两项特别奖。

美国普利策奖的奖金为7500美元，但获得公众服务奖的报道不得奖金，获奖的报社将得到一枚普利策金牌。普利策当初遗赠的基金为50万美元，后来基金管理机构又筹措了一百多万美元。该奖由包括哥伦比亚大学校长在内的16人组成的普利策奖金评选委员会，每年评选一次，评选结果一般都是在4月中旬的一天由哥伦比亚大学校长宣布，5月颁奖。首届普利策摄影奖是1942年颁发的。此后，除1946年外，每年颁发一次。

虽然《天边外》获得了普利策奖，但它却够不上奥尼尔的佳作之一。当他准备出版这部剧作时，他把剧本删掉了五分之一。这部剧作不但过于冗长啰唆(这是奥尼尔始终未能完全克服的一个弱点)，而且寓意过于外露，使它失去了应有的戏剧色彩。富有诗人气质的丈夫和注重物质利益的安德鲁，变成了明显的代表性人物，而在戏剧上并不是令人满意的角色。然而，作为奥尼尔写的第6部长篇剧作来说，这部作品在他处理自身内在题材的才能方面，却表现出一大进步。

我们不妨把这部剧作与这一时期奥尼尔本人的生活联系起来考虑一下，或许能够从中悟出它的意义。奥尼尔刚刚开始安顿下来，准备安安静静地生活一段时间。也许，他的心中再次产生了那种"生来对大海的不平静生活的渴望"。也许，最初构思这出戏的时候，他是把自己放在他所设想的那个角色的位置上来考虑的：一个宁愿放弃自己天生的梦想而接受农场奴役的人，为了什么呢?——为了满足一下微不足道的一点点带有诗意的渴望——比如两性之间的罗曼蒂克。两年后《天边外》出版时，他在这本书的衬页题词中肯定没有表明他对婚后生活有任何不满。题词这样写道：

献给阿格妮丝——我将这部戏剧献给你，为了纪念写它时我们在那间书房里度过的那段狂热的岁月——但更多的是为了纪念那美妙的瞬间，那时我头一回在你眼中看到了比我有生以来所知道的任何希望之乡更美的地方，看到了我仅仅无望地梦想过的希望之乡，看到了远在我的天地之外的一处地方。

奥尼尔把《天边外》的手稿送交给出版商约翰·D. 威廉斯；威廉斯很快同意签订一项6个月之内履行的合同。因此，尤金和阿格妮丝便立刻动身前往纽约。他们计划在那儿待上两个星期，但是尤金和他的哥哥杰米在花园饭店狂饮了整整一个星期。他们在纽约的第三个星期的末尾，阿格妮丝把尤金带回到普罗文斯顿，而杰米也跟他们一道去了。他们这三个人搬进了尤金过去在弗朗西斯商店楼上的那处公寓，兄弟俩"戒了酒"，尤金就回去工作了。那年夏天，他写出了《稻草》的大部分，构思了《克里斯·克里斯托夫逊》。杰米很快搬进了隔壁的一处公寓，一直很少饮酒，把时间消磨在海边闲逛上。这期间三个人相处得十分和睦，杰米直到夏末才回纽约。

杰米这时爱上了女演员波林·弗雷德里克，而且订了婚。波林·弗雷德里克对他说，他必须在酒瓶和她之间进行抉择，而杰米却选定了酒瓶。"波林只不过是你在感伤时刻与之厮混的一个想象中的人物罢了，"尤金对杰米说，"你使自己相信，要是她嫁给了你，你就不会再依附于妈妈，让妈妈每天悄悄给你一点零钱买酒喝。"杰米对他母亲的亲密感情很可能有点不正常。

尤金和阿格妮丝时常沿着普罗文斯顿沙丘做漫长的散步，他们有时偶然也到尖峰山沙洲海岸哨所去散步，那哨所已被流沙埋到了窗子的高度。那个哨所已经完全重新粉刷过，他们认为那儿可以搞成一个理想的家，因为它将会使奥尼尔能有个他工作所需要的完全隐蔽的地方。为了到那儿去，他就得步行或者骑马。要是他们有足够的钱，他们一定会把那个地方买下来。

11月里，杰姆·库克急切地请求奥尼尔出席《划十字的地方在哪儿》的彩排，于是他们回到了纽约。不知为什么，一到纽约这座城市，奥尼尔的脾气就会变得坏到极点。普罗文斯顿演员剧团举行了一次聚会来欢迎他们的剧作家归来。晚会上，尤金认定阿格妮丝在向一个演员兼画家特迪·巴兰坦献殷勤，心里火冒三丈，非常反感。他挥起手臂，"使尽力气"用手背打了她一记耳光。阿格妮丝一人先回旅馆。后来等到尤金回来的时候，他的肚子里装满了威士忌酒，心里则充满了悔恨之情。"我看见他站在我面前时，他就像个身患重病的病人。"她说。她曾经见过他受折磨和痛苦，但是她从来没有料到他竟会把他的怨恨发泄到她身上。这仅仅是个开端。

第二天，尤金身体不好，没有像先前计划的那样去乔治王子饭店探望他的双亲。阿格妮丝打了电话给他们，并且请他们原谅——在他们结婚10年中，这类事她是经常干的，已是家常便饭了。不过他们后来还是去了。阿格妮丝发现，奥尼尔老夫妇俩是非常可爱、非常具有吸引力、非常有魅力的一对。而且詹姆斯和埃拉对他们的儿媳是挺喜欢的。阿格妮丝曾经说过："我当时见到埃拉，或者后来见到她时，确实没有看出任何使用毒品的迹象。我记得，尤金曾经隐约谈到过他母亲许多年以前有过使用毒品的毛病。可我见到她时，她看上去很健康。她的行为举止好像没有什么反常之处，她长得非常漂亮。"这次拜访有点美中不足，杰米来的时候喝得酩酊大醉。

几天以后，尤金和阿格妮丝到新泽西州巴内盖特湾附近的愉园、夏日避暑用的那所老宅邸去了。那是一幢旧的农舍，宽敞的房间里装有壁炉或火炉，还有一间带天窗的大书房。从纽约到愉园，乘火车用不了两个小时，必要的时候，奥尼尔能够当天来回。

　　11月下旬他常常去纽约，参加《划十字的地方在哪儿》一剧的彩排，然后当天赶回在愉园的阿格妮丝身边，在那儿继续从事《稻草》初稿的写作。这是一部以他在盖洛德农场疗养院的经历为基础的长篇剧作，是表达他对生活的坚定信念的第一部剧本。《稻草》以及他多年之后写的《啊，荒野！》通常一起被认为是没有突出支配他作品的那种失败主义的唯一两部剧作——尽管《拉撒路笑了》以大写L表示生活，充满了一种宿命的乐观主义。《稻草》一剧之所以格调开朗，阿格妮丝至少有一部分功劳。

　　她时常对奥尼尔说，生活并不像他在自己剧本中所描绘的那样冷酷无情。奥尼尔也同意这种说法，对阿格妮丝和他自己来说，生活确实是美好的。在他的许多剧作中，他说："生活是一场悲剧。但又是值得欢呼的。"在他们之间，常用这句话开玩笑。生活中每逢遇到艰难、挫折，他们总是用这句话来鼓励自己。

　　奥尼尔的剧本反映了他写这些剧本时的精神状态，这是肯定无疑的。那年冬天他写《稻草》一剧时，正是他新婚燕尔、感到十分幸福的时候，剧本最后一行便是一个极好的写照。女主人公对斯蒂芬说："我必须好好照料你，斯蒂芬，你说是吗？从现在开始。"

　　对奥尼尔来说，情况在好转。博奈和利夫莱特计划出一本书，其中选收他的6个独幕剧——《加勒比海的月亮》、《在禁区》、《划十字的地方在哪儿》、《绳索》、《回乡的漫长航行》和《鲸脂》。

　　《加勒比人的月亮》在一片哀歌声中开场（很像《回乡的漫长航行》中的手摇风琴声以及《琼斯皇帝》中的击鼓声），取得了一种奇特的效果。一艘船在加勒比停靠码头，而岸上正在进行一场当地人的葬礼。有些当地妇女到船上来卖朗姆酒，而且出售自己的肉体，于是在船上发生了一场械斗和骚乱。有个水手随口把另一个水手叫做"手猿"，史密蒂是奥尼尔在布宜诺斯艾利斯遇到的一个"英国公子哥儿"，一个酒鬼。他因为爱上伦敦的一个好心的女人而痛苦地消瘦下去。

他记忆中的往事总是魂牵梦萦，老是折磨着他。在一次骚乱之后，史密蒂步伐蹒跚地走回到他的铺位上去，奥尼尔在舞台说明中写道：船甲板上静悄悄的，唯有那阵阵忧郁的音乐声打破了这一片沉寂。这时乐声远去了，渐渐变得微弱起来，"就像是听得见的月光曲。"

这是一部成功的剧作。水手们立刻变成了一个个栩栩如生的人物，激烈的行动仿佛变得完全可以理解，而且戏剧的整个基调是紧张而真实的。在奥尼尔的心目中，《加勒比人的月亮》这部剧作占有重要的位置，因为这是他"头一回真正打破了戏剧的传统。一旦(我)走出了这最初的一步，其他的戏剧便会合乎逻辑地跟上来了"。要是人们把他最初的那些写海的戏剧（《警告》、《渴》和《雾》）同格伦凯恩那些描写和表现同一主题与人物的戏剧相比较一下，就会发现，奥尼尔多么及时地做出了改进。

《绳索》是特别有趣的一部剧作，因为它是在奥尼尔最好的一部剧本——《榆树下的欲望》之前出现的。这里，又是他喜爱的一个主题——贪婪败坏了品行。这是一部描写亚伯拉罕·本特利的故事。亚伯拉罕·本特利是个爱引经据典的新英格兰伪君子，一个守财奴，他拥有海边的一座农场。他结过两次婚，第一个妻子替他生了一个女儿，第二个妻子为他生了一个儿子。儿子偷了父亲的钱，跑了。于是本特利就在仓库里搞了一根绳子，摆出要上吊的架势。

他告诉他的女儿，说是他儿子得用这根绳子把他自己吊死。

当那个挥霍无度的浪子回来时，他便同他的姐姐和姐夫订立盟约来折磨那个老头，让老头子把抵押农场新获得的那些钱究竟藏在哪儿公开出来。同时，一个8岁的孙女玛丽走进那间仓库，动手去玩弄"好像是一部分固定在横梁上的那根绳子。绳子一头系着的一只布满灰尘的灰色口袋，跌落在地板上，口袋里发出一种沉闷的金属撞击声"。玛丽那孩子乐开了，因为她发现那些金币要比用来打水漂的石块来得好。玛丽就一块接一块地玩打水跳石，把金币全都掷到海洋里去了，全剧便到此结束。

《绳索》写于1917年至1918年之交的冬季，是《加勒比人的月亮》那组剧作中的最后一部。尽管这是一部容易懂的轻松讽刺剧，但这部剧作却是感人的，不仅作为先驱是如此，而且就其本身质量而言也是如此。

3. 《天边外》的上演

那年冬天，有另一个迹象表明，奥尼尔在文学上的运气在增长。约翰·D. 威廉斯给了他一份要求演出《天边外》一剧的合同，那份合同还赋予威廉斯挑选演出所有的未来剧作的权力。

同时，奥尼尔正在从事他最杰出的、不朽的一部成功剧作，那是取材于他在吉米牧师家的那段经历。他给这部剧本加了一个标题——《克里斯·克里斯托夫逊》。后来，他从美国斯堪的纳维亚基金会得知，Christophersen的最后一个音节应该拼写为son。这部戏剧重新改编为《安娜·克里斯蒂》，并且在1921年演出了。

克里斯蒂确有其人，而且名字相同，是奥尼尔一度相识的一个人。"他随着大海生活了那么久，"奥尼尔曾经对那个真的克里斯蒂说，"以致一想到大海就会生病。我认识他的时候，他在岸上，是个穷困潦倒的人。他没有登船出海，虽然那是他唯一熟悉的工作，于是他便把时间消磨在喝酒和咒骂海洋上面。'那个老妖精'，他就这么称呼大海。在吉米发起的一次圣诞前夜聚会上，他喝得烂醉如泥，在凌晨两点钟才摇摇晃晃走回驳船。圣诞节那天早晨，人们在河里发现了他，冻死了，一定是他掉进河里了。"

最后，奥尼尔塑造的那个《克里斯·克里斯托夫逊》的虚构的女人安娜·克里斯蒂支配了全剧。安娜的父亲把安娜和她的母亲抛在瑞典，自己出海走了。安娜的母亲去世之后，克里斯蒂便把这孩子带到美国，让她在明尼苏达州一家农场里跟亲戚过活。在那儿，她被她的表兄们诱奸了，于是便逃到城里，并在那儿的一家人家找到了一个当保姆的工作。在那儿，她又被那里的几个男人强奸了。她再次出逃，终于转而靠卖淫为生。

最后，她总算追寻到了她的父亲，而当父女俩相遇的时候，克里斯蒂想要解释，为什么当她还是个婴儿时他会遗弃了她，为什么在她母亲死后他没有同她保持联系。他所能作的最好的解释，不过是"大海那老妖精用她那卑鄙的魔法把我变成了一个大傻瓜"。在她父亲那个驳船上的家里，安娜同司炉工马特·伯克邂逅相遇，于是两人彼此相爱了。她由于自己的爱情和与大海的有益接触而净化了心灵，故事以这一对恋人订婚作为结尾。

　　尽管这部剧作有着好莱坞式的结局，但《安娜·克里斯蒂》却不失为一部出色的戏剧。台词对白大大改进了，既抒情又富有戏剧性；每个角色既有自身的特点，同时又反映了奥尼尔所认为的人类固有的和难以避免的本性。对于广大公众来说，安娜由于变成了格里塔·嘉宝式的人物，在电影中表演出色，已经变得和嘉宝一样有名。就像坦内西·威廉斯的布兰奇·杜波依斯那样，安娜是个让人一见就难以忘怀的人，是奥尼尔创造的一个真正了不起的人物。在剧情发展中，她性格的直接力量克服了背景过于俗气的缺陷。她是个很有独特个性的角色，是戏剧文学中一个令人难以忘怀的人物，这是不容否认的。

　　戏剧评论家把这出剧的结尾称之为"幸福的结局"。奥尼尔为此觉得自己丢了脸，特别觉得在那些文学界的朋友面前丢了脸。难道人们竟然不懂，最后依然是复仇女神征服了安娜和她的水手朋友？他写道："最后还是得由大海决定，依然是大海征服了安娜。"他向乔治·吉恩·内森解释说："幸福的结局仅仅是一个文采华丽的先行子句结束时的逗号，真正的主句还没有写出来。"

第七章 事业即将步入巅峰

这是我的天地。我曾亲身经历，因而我了解这一切。

我曾身临其境，因此我最有资格向你描写所有这一切。

——尤金·奥尼尔

1. 唐斯的访问

1918年底，詹姆斯·奥尼尔遭遇一起车祸，很可能是一种难以抗拒的力量造成的。或许这就是东方人称为的劫数。随后不久，詹姆斯·奥尼尔离开了人世。他死后一星期左右，在普罗文斯顿雾蒙蒙的一天，有个在纽约《呼声》报作音乐评论的奥林·唐斯，由一位朋友陪同，步行了3英里，来到尖顶山庄。尤金看到两个陌生人走进这所住宅，觉得奇怪，便从屋里走了出来。唐斯立即解释说，他是新闻记者，想知道尤金是不是愿意跟他谈一谈。

"我是什么都愿意试一次的。"奥尼尔说。然后奥尼尔便邀请唐斯和他的朋友进了房间。唐斯问道："这儿附近有什么船只失事吗？"尤金回答说："最近没有，要不然我倒可以送你一只带着标签的瓶子了。"阿格妮丝向两位客人打过招呼之后便去准备茶水了。

唐斯既是来采访的，同时也是来看看奥尼尔这个住处的。他发现那间起居室很像华盛顿广场的那些工作室，在敞口大壁炉里燃着一堆火，风在"木柴里发出嗡嗡声"。他后来写道：如果这时他看见一艘荷兰水手的鬼船的桅杆穿过大雾渐渐出现在他眼前，他也不会感到惊讶。奥尼尔使他想起了另一个尤金——萧伯纳剧作《康蒂坦》中的主人公——尤金·马奇班克——因为他"几乎像女人一样敏感，身体又不住地颤抖，仿佛充满恐惧"。另一方面，唐斯又写道："这位奥尼尔又是个地道的男子汉，天生的冒险家，头发剃得短短的，身材瘦长，皮肤黝黑，看上去十分健康；他讨厌有污垢的衬衫，对通过第18号修正案抱憾不已。"

奥尼尔向唐斯简略地回顾了他的早年生活，然后不无自豪地叙述了当年从波士顿"神秘码头"登上一艘挪威三桅帆船出海航行的经过。"你是搞音乐的，"他突然对唐斯说，"嗯，让我问问你，你是否听到过在大海上唱歌的声音？你从来没听到过？那也不奇怪。跟我10年前出海航行的时候相比，如今那些帆船是更加少了。他们现在收缆绳的时候，用不着再唱歌了。那个无法无天的海魔王，唱起歌来可真美妙动听，但又凶暴无比。他们知道，讨好他也没用。他们如今是按着他的歌声的节拍，按着浪涛的节拍拉缆绳。啊，不过，我真希望你能听到那种歌，尝一尝在海涛上颠簸的滋味。我希望你能倾听前甲板上透过风声和波涛声传来的手风琴演奏声。"

奥尼尔对这个话题越说越有兴致，唐斯这时发现，他眼睛里有一种爱尔兰人所特有的"发了狂"似的神色。"他们(那些海员们)全是好人。我永远不会忘记他们。我希望他们也不要忘掉我。的确，我是把水手当做我个人特殊的兄弟的。纽约福尔顿街旁边有一家名叫'吉米牧师'的酒馆，那时我和我的那些伙伴常去那儿，在那里度过了很多快乐时光。可惜，这家酒馆不复存在了。除了通过第18号修正案之外，这件事要算是我最感遗憾的事了。"

奥尼尔谈到了他到西属洪都拉斯去勘探黄金的旅行。他说他从来也不知道世界上竟会有那么多各种各样的昆虫，那么多各种各样"蠕动、爬行、飞翔的生物——其中有些是有剧毒的"。但是，同人们所说的恰恰相反，几乎没有人是被塔兰图拉毒蜘蛛咬伤致死的。打猎和捕鱼真是其乐无穷，不时地会有"一只美洲虎站在山坡上，发出阵阵咆哮声，好听得犹如催眠曲"。

奥尼尔骄傲地说，在他最后一次航行中，他已是个很在行的水手了。"这意味着能够依次报出罗盘的32个方位，并且能做几样一般水手干不了的事。我那时是在从南美到瑟堡的一条航线上航行。这是个令人讨厌的、沉闷的工作，对一个希望自己支配自己的男子汉来说，是不合适的。我并不喜欢那里的工作。你知道，那是艘汽船，我们主要干擦洗甲板和搬运行李以及邮件的活儿。住在南美洲的那些德国人——他们经常给他们在德国的亲友寄送纪念品和圣诞礼物，其中包括野兽的标本、矿石等等，真是无奇不有。我觉得他们好像就是专门要寄那些玩意儿，好把你的脊梁骨压断。"

奥尼尔谈到，当他最终回国的时候，他父亲在一个剧团里给他谋了个演员的职位，那个剧团当时正在西部进行名为《奥菲厄斯》的巡回演出。他说："4天时间里，我在新奥尔良到犹他州的一个地方的火车上，背熟了马卡德斯的儿子艾伯特的台词。可是到了台上，我却吓得手足无措，演得糟糕透顶。要不是为了我父亲，我决不会在那个剧团里待那么久。尽管如此，看着那些观众，我倒是非常开心的。我认为这种舞台经验对以后的我是有些帮助的。"

话题转入戏剧创作，奥尼尔认为："没有任何一部真正好的戏剧是凭空创作出来的。也就是说，无论戏剧变得如何细腻微妙，如何富有象征色彩，如何奇特怪诞，它却必须植根于生活，我作为一个剧作家的真正起点，是在我离开学院和置身于海员中开始的。"

奥尼尔继续说："不仅是大海，而且还有其他经验为我提供了养料。""正如我曾经说过的，"他接着说，"我从来没写过任何不是直接或间接来自我亲身经历的事或亲自体验的印象，但是这些经历和印象发展到后来，又往往与你最初的打算大不相同。例如，在《天边外》这出戏里，我原打算通过一系列不相关联的场景，描写一个沉溺于梦想的人的生活，写他如何追求实现、超出现实世界的幻想——结果显然没有成功——或者写他在生活中终于做成了某件事。同时，我最初还想表现，他的追索和梦想毕竟产生了一点结果，这个结果虽然空灵缥缈，但又是实实在在的，比任何其他东西都更加可贵，因为它毕竟是真正属于他所有的。但是要完成这一任务，技术上的困难实在太大了。我只好改弦易辙，反映一个更为严峻的主题：一个遥望天边外，一心一意渴望离家出走去实现他的梦想的人的悲剧；命运使他无法逃脱并不属于他的那个地方和那种人生。"

唐斯一边集中注意力倾听着，一边越来越确信，要是奥尼尔始终处于平庸的安稳条件下，要是他没有遇到"一个具有同样精神气质的妻子"，他可能就是《天边外》里的那个人物。当阿格妮丝把儿子沙恩带进起居室的时候，奥尼尔想，要是能说服阿格妮丝的母亲同意照看这孩子，他们来年就打算到亚马孙去作一次旅游。

唐斯问起奥尼尔看些什么书，问起看书对于他的工作是否有很大影响。"啊，当然有影响。从一开始就有很大影响。"奥尼尔说，"对于读书，就像对于我在大学里的学习一样，直到我不得不依靠我自己的力量独立思考、独立生活的时候，我才真正开了窍。因此，在大学学习时，给我留下不可磨灭印象的一部作品仅仅是王尔德的《道林·格雷的肖像》。

"那时我在课堂上也学了莎士比亚的作品，但结果只能使我对他感到畏惧。直到最近，我才从学习莎士比亚的作品中发现了极大的快乐和益处。此外还有那些俄国作家，也给了我影响；陀思妥耶夫斯基的一些小说，以及托尔斯泰的《战争与和平》成了我生活中不可或缺的一部分。"

"在大学读书时，奥斯卡·王尔德、杰克·伦敦以及约瑟夫·康拉德这些作家对我来说，要比莎士比亚贴近得多。而后便是易卜生。"唐斯听说他对易卜生感兴趣，觉得十分奇怪。奥尼尔说，人们往往认为易卜生的作品枯燥难懂。"他的作品确实有些深奥，"奥尼尔继续说，"而且有时就像生活本身那样，令人感到枯燥乏味，然而却极富于人情味，这是可以理解的。我并不需要哪个教授来告诉我，作为一个剧作家，易卜生知道他要反映的是些什么问题。我是在校园之外、课堂之外，自己发现他的。如果我是在大学课堂上遇到他的，我可能直到今天对他依然是一窍不通。"

突然，奥尼尔问道："为什么我们的教育不能变得合理一点，从而适应我们的需要呢？要是能适应我们的需要，那么我们就能在一旦熟悉之后，在我们觉得需要的时候，及时地抓住那些我们所需要的东西，并且从此抓住不放。"

2. 生命没有归宿

1920年8月的一天，唐斯发现奥尼尔的生活与他的创作竟然是如此完完全全地融为一体，并对此留下了深刻印象。他写道："我从没有见到任何人像他那样，其生活、个性和写作竟如此融为一体。我想，也许我会在某个晚上看见他衣冠楚楚地站在剧院舞台上，向鼓掌的观众鞠躬致谢，但永远使我难忘的却依然是他穿着一身破旧衣服站在浓雾中的那个形象。阅读耶茨和辛格写的那些爱尔兰剧本时，我们对他们所描写的海上风光，对浸透在字里行间的那种对于大自然的沉郁、神奇和狂热的情景，无不惊叹不已。但是，一个到处漂泊的诗人却能够在近在咫尺的科德角这样一个偏僻角落里发现同样美妙的东西，这又是为什么呢？"

"有些人，你知道——奥尼尔就是一个很好的例子——就家的具体意义而言，哪儿都不是他们的家。"唐斯作结论说。"对他们来说，哪儿最自由，哪儿就是家。他们的冒险生涯永远也不会有个终结，无论是生前还是死后，只要他还有路可走，就不会有什么归宿。那遥远的未知世界的美——用他剧中的语言来说，也就是隐藏在天边外的秘密，在他身上留下了永不消退的烙印——如果你愿意，也可以称之为他一生的祸根。"

唐斯的这个访问记，清楚地揭示了尤金·奥尼尔对他过去的态度。在某种程度上说，他对过去的这些经历有点自鸣得意，同时也掺进了过多的感情色彩。确实，在对唐斯的谈话之中，他把他的海上生活浪漫化了，而唐斯的叙述，也有些浪漫化了。

但是，就像许多作家一样，奥尼尔对自己的过去有一种特有的感觉，这种感觉既是个人的，同时又是非个人的。奥尼尔谈论海洋和他的同船水手，就和海明威谈论打猎和斗牛一个样。他曾经这样说："这是我的天地。我曾亲身经历，因而我了解这一切。我曾身临其境，因此我最有资格向你描述所有这一切。"

3. 百慕大的生活

　　父亲的去世和写作的压力让尤金感觉身心俱疲，很长一段时间他没有写作，而是到乡下进行休养。然而乡下的宁静生活并没有改变尤金的心境，他的情况已经发展到了一个焦躁不安的新阶段。"乡绅"生活已经完全丧失了吸引力。他越来越经常地往纽约跑了，而每次去纽约，结果总是在那笼罩在一片昏暗之中的"地狱"酒馆里郁郁沉思。这时，逃避自我的舞台已经为他准备就绪，这段经历对他的家人所造成的痛苦远远胜过对他自己。因为就在这个时候，他在格林尼治村的一个老朋友哈罗德·德波尔从百慕大写信来说，那个海岛对作家来说是个再好不过的地方。为什么不去呢?

　　奥尼尔携家眷一起去了。那是1924年的12月，奥尼尔一家在西帕吉特南岸租下了一所名叫海上营地的小型别墅，这地方挺中奥尼尔的意。他写信给内森和别的朋友说，他们冬天应该到这儿来度假，气候"好极了"，他对这儿的德国瓶装啤酒和英国瓶装淡啤酒高度赞赏。他花了整个冬天从事《大神市朗》一剧的创作。

　　盖加那时还在照料沙恩，因为阿格妮丝正怀着她与奥尼尔的第二个孩子。沙恩的生活显示出与他父亲同样年龄时具有的一种惊人类似之处。他的父母一直在继续不断地搬家。现在他在百慕大的学校里上学，跟他父亲以前一样，也是由女修道院的修女负责教育。

1925年5月13日黄昏晚些时候，乌娜出世了。沙恩回忆说，母亲把他叫醒，并且告诉他，他得到他父亲的卧室去过下半夜。虽然沙恩那时只有五岁半，那天夜里的一些事，却在他的脑海里留下了生动的印象。

接近5月底的时候，奥尼尔确信他要长期生活在百慕大，于是便考虑要找一处大一点的住宅。他对朋友们说，他不打算让阿格妮丝待在像他父亲为他母亲提供的新伦敦那类盒子式住宅里。不论他住在哪里，他买的住宅总是很大的，仿佛只要住宅面积大，便可以给他们带来安定，使他们能够长期住下去。事实并非如此。

那年春天，由于大多数为演出提供资助的舞台演出主持人拒绝《源泉》一剧，奥尼尔十分烦恼。他对内森说：他认为这部戏剧被一种不祥之物缠上了。《源泉》以戏剧形式表现了庞斯·德利昂寻找青春之泉的故事。在奥尼尔改编的这个故事中，庞斯·德利昂知道，尽管他没有找到他所寻求的东西，但这种寻求的努力却是有价值的，他还发现，"有的不是黄金而是爱。"奥尼尔用诗歌塞满了这部戏剧，但他写的却不是第一流的诗歌。一般说来，他写的仿佛是诗人那种永恒的抱负和成功的狂喜之情——一种看来他自己尚未感受到、而他却自以为应该感受到的东西。结果这部戏剧就变得情感激动，充满想象而不能令人满意。

奥尼尔与出版商霍勒斯·利夫莱特通过书信和电报就《尤金·奥尼尔作品全集》印数超过他所签署的限额一事，发生了小小的争执。利夫莱特后来说，他寄了1250张单子到百慕大，让奥尼尔签署。但是据奥尼尔说，包裹的体积引起了他的怀疑，他和阿格妮丝于是把单子数了一遍。他们计算了一下，至少有1700张，也许是

1800张。

因此，奥尼尔对他的代理人理查德·马登说，他认为这些所谓的有限版本定额，有点"不对头"，他可不想当一个同谋犯。他还认为，在版税问题上，利夫莱特已经少给了他。此外，他告诉马登，不要再把他的任何版税钱存在里奇菲尔德的银行里，因为那是家小银行，而且据奥尼尔所知，那个出纳员可能在搞花招赌马票！如果是这样，那么用奥尼尔的钱肯定就会给他带来厄运，那个出纳员肯定会"在马上输个精光"。

虽然乌娜出生只有一个月多一点，但奥尼尔夫妇还是在1925年6月底动身前往美国。在纽约，尤金对记者们说，他已经写完了《大神布朗》，并且打算跟罗伯特·埃德蒙·琼斯和肯尼思·麦高恩合伙，演出这部戏剧，阿格妮丝和孩子们住进南塔克特的一所出租的住宅，而尤金则留在纽约，由一名医生在那儿为他医治"神经"。家庭生活使他变得神经质，他是个心神极为不宁、忧心忡忡的父亲。他和阿格妮丝之间的关系也并非始终如一地和睦平静。过了一个段时期之后，他就到南塔克特去了，并且在那儿恢复了他的写作。

第八章 创作在路上

每一个人都在他的心中，蕴藏着他自己笃信的真理，而对于他自身之外的世界，这种真理却几乎是完全不适用的。

——尤金·奥尼尔

1. 舞台剧的神曲

1925年秋天，奥尼尔写成了《拉撒路笑了》一剧的前半部草稿。如同往常一样，他一直在"寻找更好的创作方法"，而且他已经下决心创作一部表现理念的剧本。《拉撒路笑了》一剧是企图千方百计解决为当前而生活，或者在预期未来而活的问题。按照奥尼尔的说法，《拉撒路笑了》是为富有想象力的剧团写的一部戏剧，尽管这部戏剧使用了诸如合唱队、假面具等许多老一套的和逗乐的舞台手段，但它依然是一部只能供人阅读，供人在头脑里玩味的戏剧。

然而甚至连奥尼尔的热心赞赏者巴雷特·克拉克也被迫承认，这位剧作家的"想法对于当代思想所做的贡献是微不足道的"，而且认为他应该乐于"以真理和热情去描写生活"。《拉撒路笑了》始终也没能在百老汇演出。但是，奥尼尔始终坚持认为这是他的杰作之一，声称它具有深刻的主题思想。

正是在南塔克特，奥尼尔收到了克拉克写来的一封信，信中询问他能不能写一本有关他的传记。奥尼尔回答说，他认为，直到眼下，他还不配享有一本书的荣誉。他认为"在美国这类过早干出来的事"太多了，不过他说，9月底他将愿意在里奇菲尔德同克拉克会面，并讨论这项计划。这年秋天，奥尼尔花了一部分时间待在纽约参加《源泉》一剧的彩排，而阿格妮丝、沙恩和乌娜则带着盖加和贝迪尼夫妇被安置在里奇菲尔德。

无论是在纽约还是在里奇菲尔德，奥尼尔的大部分时间是致力于成为一个知名人士。在里奇菲尔德，他摆好姿势，供一位雕刻家替他做半身雕像。他的声望仍然在上升。布鲁克斯·阿特金森在《纽约时报》上就奥尼尔的发展撰写了长篇文章。在英国，约翰·高尔斯华绥赞扬了他的作品，但是阿诺德·本涅特却说，作为一名剧作家，奥尼尔则不如乔治·M.科汉。

奥尼尔在一张普罗文斯顿剧院的演出海报上猛烈抨击了那家商业剧院——就是那家他称之为永久性营业的剧院。这是一个"把剧院当做房地产经纪人首要表达手段的时代。一步走错，接着来的就是老板的一纸收回租赁权的通知。这个老板在剧院里通常并不是一个艺术家。他可以看着莎士比亚活生生地在纽约美孚石油公司的汽油里蒸煮，而担心的只是我们的美孚石油储备降低"。

奥尼尔觉得：对这种困难做出的回答，将是开创一家由某一剧团定期换演剧目的剧场。于是他便继续大声疾呼，对美国剧院表演艺术质量发出终生的抱怨之词。"杰出的演技常常会使坏的戏剧看上去像是出色的戏剧。"他说，"但是如果演技拙劣，那么好的戏剧绝不可能不因此受到歪曲而依然保持其原有的精神。"

一个年轻的波士顿人查尔斯·加兰拒绝接受他父亲的一笔遗产，并且把那笔钱捐赠为一项基金，用于"对所有人有好处的事业"，他提供了150万美元，于1925年秋天办了一个《新民众》杂志。奥尼尔作为一个具有号召力的人物同舍伍德·安德森、范·威克·布鲁克斯、卡尔·桑德伯格、博德曼·鲁宾逊和马克斯·伊斯门一道，担任了撰稿编辑。这个杂志除了包括艺术评论外，还宣称将刊登"大罢工和其他全国性事件的第一手报道"。

尽管奥尼尔同他那时的开明人士以及激进派领袖人物十分友好，但他却不是个左翼教条主义者。如果说他的心与下层阶级连在一起的话，那也是与那些因为不想工作所以才不工作的人连在一起的。

1925年12月，奥尼尔、肯尼斯·麦高恩和罗伯特·埃德蒙·琼斯跟A.L.琼斯以及莫里斯·格林合伙，在格林尼治村剧院演出了《源泉》。在节目单上，奥尼尔力图把这部戏剧的含义解释清楚，除了谈到这部戏剧不是什么"还可以"之外，他的解释并不十分成功。他说："我希望在此庄严发誓，《源泉》绝不是病态的现实主义作品。"甚至布鲁克斯、阿特金森也写道："奥尼尔先生曾以严格的自我批评精神毁掉了他的16部剧作，认为这些剧作不值得演出，但是这一次，这种严格的自我批评精神却变成了过分的自我宽容。"

至于《大神布朗》，不仅是那些为演出提供资金的商业演出人不赞成，而且连纽约热心赞助艺术的领袖人物奥托·卡恩也拒绝给以支持。奥尼尔借助于琼斯和麦高恩的帮助，自己演出了这部戏剧，大部分演出费用都是奥尼尔自己掏腰包支付的。克拉克对奥尼尔说，他估计这出戏只会演两星期，恐怕只有一些奥尼尔迷才会去看上一眼。

《大神布朗》被称为舞台剧的神曲，它是奥尼尔前所未有地成功解释清楚的一部奇特戏剧。它的主要创新在于介绍了面具，按照肯尼斯·麦高恩的说法，面具还是头一遭用于"角色的戏剧性变化和冲突"上。奥尼尔把面具当做剧中人物"从一个人到另一个人"的性格戏剧性转变过渡的一种手段。

　　奥尼尔自己写道："人们将会发现，面具的运用乃是一种最方便的解决办法。现代戏剧家可以以此解决如何才能把心理学不断向我们展示的深刻隐藏着的思想冲突表现出来的问题。心理学对于人的因果关系的新发现，难道不就是对于面具所进行的研究吗?难道不就是仅仅揭下假面具而已吗?因果关系的新的心理洞察力是什么呢?"他说他要揭示"这种神秘的模式，而这种模式，在《大神布朗》一剧中，乃是一种朦胧地潜隐在角色的台词和动作背后以及超出台词和动作本身的暗示"。

　　《大神布朗》写于1925年。的确，要领会这部戏剧的含义而且领会其情节，就必须把这部剧作一读再读。这部戏剧描绘一家建筑公司两位合股人的家庭，他们的儿子是彼此对立的：一个是理想主义者，一个是唯物主义者。姑娘玛格丽特跟戴恩·安东尼谈上了恋爱，比利·布朗爱上了玛格丽特。戴恩戴着浪荡子的面具，但是在面具掩盖之下，他却异常地敏感脆弱。玛格丽特仿佛爱上了戴着牧羊神面具的戴恩。

　　不用说，这部戏剧对观众来说，是相当晦涩难懂的。这的确是奥尼尔最具有挑战性、最容易引起怀疑的一部戏剧，它在戏剧领域里开辟了一条新的战线。《大神布朗》成了奥尼尔写出的最奔放的抒情性代表作，其文体风格与戏剧的主题和情节配合得非常好。

但是，这部戏剧还是处理得不够熟练，冗长乏味，而且总是不大自然。演员和观众琢磨奥尼尔打算说的是些什么所花费的时间太多，以至于无法从感情上专注于角色的生活。

奥尼尔本人在解释这部戏剧方面也显得有些困难。它在人间任何生活中都是不可思议的——这种神秘的不可思议之处的每一个含义，都是任何一个男人或女人只能意会而不能言传的。不管奥尼尔说的这些话究竟是什么意思，反正这些解释无助于澄清《大神布朗》的含义。他还说，这部戏剧是神秘戏剧，却并非涉及窃贼和警察的那种神秘故事，"它是有关多重性格和生活的神秘戏剧。"有一点是肯定的：这部戏剧是难以理解的。

关于《大神布朗》究竟有多少公众会看这一点，轮到奥尼尔来嘲笑巴雷特·克拉克了。因为该剧演出了近一年之久。这部戏剧后来又在住宅区上演，克拉克本人喜欢谈两个女店员去看这出戏的故事。在第三幕之后，一个女店员说，"哎哟，这戏可真太高深了，对不？"她的朋友对这一评论则回答说："对，不过仍旧很好看。"

2. 百慕大的第二个冬天

为了在百慕大度过第二个冬天，奥尼尔一家租下了一所名叫贝莱维的宅第，这是一所维多利亚时代带有希腊式圆柱、宽敞走廊和由一片大草地装点起来的大宅第。奥尼尔住在那儿的时候，曾为打算买下一处更大一点的地方作为永久性的安家住处进行过谈判。

他选定的是一所占地13英亩半，俯瞰汉弥尔顿海湾的大型石头宫殿式宅第。这所人称斯皮特黑德的建筑，是早在19世纪由一个名叫赫齐卡亚·弗里斯的船长建造的，据说这人是从私掠船营生中暴发起来的。

宅第主楼有几十间房间，就在海边。主楼旁边还有一幢小宅子和紧靠小山边的一个园丁用的小屋。这一产业已弃置多年，需要大规模修葺。奥尼尔很快就跟建筑师和营造家商议了有关恢复斯皮特黑德宏伟旧观的计划。始终是个浪漫主义作家的奥尼尔，由于这所旧宅的历史而激动不已。他对阿格妮丝说，他认为他应该把海盗的宅第当做自己的家。他说，也许斯皮特黑德将会变成他最后归宿的一个地方。

现在，他在创作《奇妙的插曲》。1923年秋天他曾为这一剧作作了说明。他说："早先在普罗文斯顿的那年夏天，我从一个飞行员那儿听到一个女孩子的故事。那个女孩子的飞行员未婚夫刚好在停战前夕被击落阵亡。那个女孩子由于这个打击，精神崩溃了。她后来嫁了人，不是因为她爱上了她的丈夫的，而是因为她想要个孩子。她想通过母爱来从生活中赢回适当的满足。"

《奇妙的插曲》乃是奥尼尔曾经从事的创作事业中最具有伟大抱负的一部剧作。这部戏剧4个角色的生活中都贯穿着冷酷和苦涩情绪上的危机感，前后长达28年之久。比如像奥尼尔听说的那个女孩子尼娜·利兹，她本是个大学教授的漂亮女儿，已经跟一个飞行员订了婚，而那个飞行员却在第一次世界大战中阵亡了。她那严厉的、清教徒式的父亲曾经不允许她嫁给她的那个未婚夫，并且曾经阻止他们发生关系。

尤金·奥尼尔传

111

她离家出走，当了一名护士，而且变得反叛起来，在男女关系上放荡不羁。她最终嫁给了一个她并不爱的男人，为的是安顿下来生儿育女，但是婚后她婆婆告诉她说，她不能有孩子，因为她丈夫家是有精神病史的家庭。尼娜跟她的情夫生了个孩子，并让她丈夫以为那是他生的。在这部戏剧接近尾声部分，这孩子已长大，成了一个男子汉，他竟打了他真正父亲一记耳光，而不知道那人就是他的父亲。剧本末尾，以这小伙子偕同他的未婚妻乘飞机飞走而结束。

尼娜被时间和她儿子的青年人的精神状态搞垮了——他儿子那种精神状态，跟激起她自己青年时代的反叛精神是一模一样的。几个角色都是把他们的思想大声说出来的，这对詹姆斯·奥尼尔时代的戏剧文学中使用老式旁白来说，是一种发展。这也是詹姆斯·乔伊斯开始得心应手使用的意识流创作手法的一种值得注意的派生物。詹姆斯·乔伊斯的意识流写作手法，奥地利维也纳小说家、剧作家、弗洛伊德的朋友和赞赏者阿瑟·施尼茨勒也曾使用过。

奥尼尔在讨论到设计方法时说："我的人高声把他们所想的和别人并不信以为真去听的东西说出来。他们以现实主义的或其他方面的散文、无韵诗或者六韵步组成的诗行，或者押韵的两行对句诗进行谈话。"《奇妙的插曲》中的对白偶尔也会有足够的力量使一个人喘不过气来。正如阿瑟·霍布森·奎因所说："你总是能领悟到，一个有着某种要紧事要说的人在谈着话。"

作为奥尼尔三部杰出剧作之一的《奇妙的插曲》，可能永远跟《哀悼》和《长夜漫漫路迢迢》一样引人注目。所有这三部剧作都是皇皇巨著；三部剧作都是以大家庭为中心内容，而且至少处理两代人的问题。说不定，当《奇妙的插曲》最终被允许删节时，它也许会再次受到大众喜爱。无论如何，《奇妙的插曲》是会变成一部比较好的戏剧的。如果说它经得住时间考验的话，它是以司各特·菲茨杰拉德的《伟大人物盖茨比》那种特别令人难以忘怀的方式经受住时间考验的。在这两部作品中，任何一个人都能找到20世纪20年代的气质以及上流社会的真实线索。

巴雷特·克拉克写的奥尼尔传记，现在已经打成了校样。克拉克是个刻苦的研究工作者，他极其审慎地对待从奥尼尔曾接见过的评论家和报纸撰稿人所写的文件里摘来的资料。然而，事实证明，要使奥尼尔满意，依然不是件容易的事。奥尼尔先是对克拉克的辛勤成果赞扬了一番，说他文笔优美，很有见地，传记的主要部分无论从哪方面说都写得很好。然后他却又撕掉了克拉克写成的大部分手稿，特别撕掉了有资格的被接见人从他那儿直接引来的资料。他说，对他早期生活的绝大部分描述都是传说而已；真实的东西将会更加吸引人、更叫人吃惊，这就不如他自己去写，那样就连魔鬼也要自愧弗如的。

另一方面，奥尼尔或许不该去写他自己。正如他所说，当他的回忆把他带回他生活的这一段或那一段插曲中去的时候，他可能无法认出他自己来，或者也不会理解作为他自己的种种行为。理智告诉他，他曾经干过这个或那个，说过这个或那个，但是感情却认为那是另一个人留下的东西。虽然曾经引述过奥尼尔事迹的一些人在国内都是最好的记者，但奥尼尔却要求把他们认为属于奥尼尔的那些引述文字加以剪裁、整理。他坚持要对他曾经说过的话作一些更改，以便那些话能"更好地表达真实"。

他要求克拉克写的传记更简洁些，而且要成为更加"有趣而又富于感染力的作品"。不过，他认为书里应该放上一张他自己的照片，他要"同意这个意见，尽管我的那些照片都非常糟糕"。他极力推荐尼古拉斯·穆雷在尖顶山庄为他拍的一张放大的快照。奥尼尔认为那张照片是最好的一张，而且是"真正表现了我"的一张。

克拉克写信给奥尼尔说，他觉得极其沮丧。他说，传记很难"面面俱到"，除非传记作者从传记主人公小时候开始就跟他生活在一起。奥尼尔回信说，他看不出克拉克有任何理由感到泄气。他颇有见地地分析说，一个人看了他自己的传记，觉得就像他戴了一顶新帽子照镜子时的那个人一样。他无可避免地显得"有点古怪、滑稽"，而且不知道作为他自己的那个陌生人是谁。克拉克继续干着安排出版的事，但是那年秋天他出版的那一卷单薄得可怜，因为应奥尼尔要求作了删减。

这时奥尼尔的某些思想状态或许可以从约翰·Y. A. 韦弗在纽约《世界》杂志上写的某些文章的字里行间看出来，那种思想状况的记录充满了恼恨厌烦情绪。约翰·Y. A. 韦弗写道："奥尼尔出了什么事。"打从韦弗跟奥尼尔在哈佛成为同学以后，韦弗只见过奥尼尔两次，而他发觉，奥尼尔已经变成了"一个陌生人"。

"往日那种昂首阔步、热情奔放劲儿一去不复返了，那种好闹事的可爱魅力也消失了。他看上去疲惫不堪，而且十分苦恼。或许，他找不到只言片语同我谈，是我的责任。甚至他那种刺人的幽默感仿佛也失去了它的一切犀利和锋芒，"韦弗解释说，"所有这一切的原因无非是奥尼尔被马屁精和他家乡(格林尼治村)村子里一些唯唯诺诺的人包围了。我认为，恐怕没有人能够顶得住他所遇到的那种阿谀逢迎。那一阵子，他写出来的东西看来也是糟糕透了。"

韦弗说，他还没看过《大神布朗》这部戏剧。不过他觉得可以爽快地对这部作品作出评价鉴定。"就我所听到的一切而论，"他说，"在这部作品中人为的、粗制滥造大神奥尼尔的地方太多了。至于《熔合》、《上帝的女儿都有翅膀》、《榆树下的欲望》和《源泉》——嗯，在我看来，有点每况愈下的味道，以至于后来完全失去了生气。"这样说当然有些过于苛刻，韦弗也知道这一点。"我很抱歉，"他写道，"一个人是无法帮助把有点忧伤的情绪变成精神振奋、斗志昂扬那种精神状态的。我宁愿听到他销声匿迹，浑身酒气，凶神恶煞似的，就某种程度而言是不出名的，远在某个新的天地，重新脚踏实地，恢复成平凡、普通的尤金，而不是华盛顿广场的上帝。"

那一年，韦弗写了一部成功的音乐喜剧，名叫《爱他们抛弃他们》。他说，他以玩世不恭的态度写这部喜剧，是要向他的朋友们证明，他是能够写一部轰动一时的音乐喜剧的。他的一生，只有这部剧作获得了演出的机会。他建议奥尼尔去看看这出戏，然后跟他坐在一起，"痛痛快快喝上几杯啤酒。不过，我猜想，他是不会去的。我肯定，对这个古怪的戏剧大师奥尼尔来说，我们的文化教养还是不够高级的。我们是不值得他操心的。情况发生了变化。"

当奥尼尔于1926年春天完成《奇妙的插曲》上半部的时候，他购买斯皮特黑德宅第的一切细节也全都逐一处理好了。得事先花费几个月的时间进行准备，才能住进这所百慕大的巨大宅第。在此期间，他让阿格妮丝和孩子们搬进了斯皮特黑德大宅第旁边的那所小宅子。小溪农场那时还未出售，不过他还是继续进行斯皮特黑德宅第的事。

"他真的爱上了百慕大，"阿格妮丝曾说过，"他告诉我，他认识到斯皮特黑德就是他要度过他余生的地方。跟工匠以及建筑师们商议修葺斯皮特黑德宅第的事，给他带来了极大的乐趣。"

3. 纽约之行

1926年6月15日，奥尼尔和阿格妮丝乘船驶往纽约。沙恩当时6岁，乌娜1岁。这一家人直接前往里奇菲尔德。奥尼尔在纽约停留了一天，并同克拉克商量了事情。就是这个6月的23日，他和阿格妮丝乘上一辆大型高级轿车前往纽黑文，在那儿接受了耶鲁大学的名誉学位。像往常一样，在公众面前出头露面，在大庭广众之中"公开展览"的前景，使奥尼尔感到苦恼。他去纽黑文的一路上就为这事担心。那种处境可糟透了。他该怎么办才好?他会不会把自己弄得像个大傻瓜呢? 阿格妮丝努力使他消除疑虑。

他们是贝克教授家的贵宾。接受名誉学位的还有胡佛总统下属的财政部长安德鲁·梅隆。耶鲁大学校长詹姆斯·罗兰·安吉尔为他的贵宾举办了午宴，贵宾中有瑞典王储。后来，在学位授予典礼上，奥尼尔被授予了文学博士学位。

他和阿格妮丝在贝克教授家住了几天。有一天晚上吃完晚饭，在阿格妮丝去睡觉之后，奥尼尔在耶鲁大学的校园里四处走了一遭。按照乔治·吉恩·内森的说法，奥尼尔注意到有许多耶鲁大学的老校友"自己在举办一种离校后重新团聚的热情联欢会"。尤其是他们当中的三个人引起了奥尼尔的注意，因为他们"纵情豪饮，已经喝得烂醉如泥"。一个是一家大银行的行长，另一个是一家大铁路公司的副总裁，第三个是一位美国参议员。内森并没有讲清楚，奥尼尔是怎么知道这些人的名字和确切头衔的。

"在玩跳背游戏的时候，"内森写道，"他们当中有个人摔倒在地，差点儿滚进了阴沟。这样玩了大约10分钟之后，这三个人扯起喉咙唱起哀伤的歌曲，摇摇晃晃穿过街道走到对面转角处有只邮筒的地方。那位参议员竟然解开裤子上的纽扣，干出了一桩往往应该是在电线杆旁或牲畜棚墙脚下干的事。"

按照内森的说法，奥尼尔非常愿意讲这段故事。讲完这个故事之后，他总是忍俊不禁，要哈哈大笑——内森难得看到他这样开心。奥尼尔津津有味地把这三个体面人物描绘得庸俗不堪，并且夸大其词，这也典型地反映出了他的性格。

1926年夏天，奥尼尔和他的一家是在缅因州松树区中部附近的贝尔格莱德湖度过的。阿格妮丝曾经说过，这一时期应该以他们住过的那个简陋小屋的名字——"半月形小木屋"来加以标志。

据说，奥尼尔这时正在全力以赴完成《奇妙的插曲》一剧的后半部写作。传记作家伊丽莎白·谢普利·萨金特，那年夏天访问了半月形小木屋，发现奥尼尔坐在缅因湖畔，"跟沙恩一起正在把鲈鱼往岸上拖。他这时真可谓安居乐业，充分享受着天伦之乐。"那年夏天，所有的孩子都住在这所房子里。盖加也在那儿。

白天的大部分时间，孩子们都得离开那座小木屋远远的。奥尼尔工作的时候得绝对保持安静。早晨他在床上用枕头支垫起来以普通书法进行创作，而阿格妮丝则照料乌娜、盖加，带领别的孩子们穿过树林去散步，或者到湖里去游泳。除了他每月定额的写作之外，奥尼尔还继续不变地同正在修葺斯皮特黑德宅第的建筑师和建筑工人保持通信联系。在有些天的下午，他接见前来缅因州要求会见他的作家和报界人士。

4. 结交卡洛塔

奥尼尔在贝尔格莱德湖也有些社交生活。奥尼尔的邻居中有一个就是纽约上流社会有钱的老处女伊丽莎白·马伯里，她既是戏剧演出人，也是新近出版的《我的水晶球》一书的作者。她家的座上客有在百老汇饰演轰动一时、大受欢迎的《香盖姿态》一剧的大明星弗洛伦斯·里德，以及门多尔夫人。那年夏天在马伯里家同住的还有跟《纽约人》杂志漫画家拉尔夫·巴顿刚离了婚的那个老婆——卡洛塔·蒙特里。

奥尼尔是在半月形小木屋的起居室里第二次会见这位饰演《毛猿》一剧而成为明星的女演员的。马伯里小姐和她的座上客一起前来造访，卡洛塔便在其中。她38岁，与奥尼尔同龄，她无论在舞台上还是银幕上都是一名成功的女演员，而且长得惊人的漂亮。

据卡洛塔·蒙特里本人说，她1888年12月生于旧金山某地，而她的人身档案已在旧金山大火中焚毁。当她只有16岁的时候，她就在伦敦舞台上露面了，并且继续在伦敦和巴黎不断地学习表演艺术、声乐修养和舞剧。她在纽约舞台上第一次露面是在1915年6月，当时她在第39号街剧院跟卢·特勒金一起公演《孤注一掷》，她饰演露西·盖隆。她的角色被刻画为"生性活泼、动不动撅嘴使性子发脾气的一个女骗子"。

接着，她成功地饰演了《天堂之鸟》一剧中的主角伦诺尔·乌尔里克。在扮演了几次荡妇角色之后，她有两年退出了舞台，这两年里她的名字便跟当时名噪一时的百万富翁、慈善家联系在一起了。大约在1920年，她重返百老汇舞台，主演了《巴纳姆先生》一剧。随后，她饰演了《安静！》、《卡米拉》、《不眠之夜》、《巴沃》和《伏尔泰》。

在《不完整的往事》一书中，伊尔卡·蔡斯陈述说，卡洛塔生下来的时候叫黑泽尔·托齐格，但是在接见堪萨斯市明星人物拉尔夫·巴顿时，他又说她少女时的姓名叫尼尔森·塔辛奇。卡洛塔·蒙特里极其可能只是个艺名，她的第一个丈夫据说是个名叫查普曼的人。她跟那人生了个女儿，名叫辛西娅。她的第二个丈夫据说是个英国人，名叫科茨。

在卡洛塔嫁给巴顿的两年中，她遇见和认识了《纽约人》杂志编辑哈罗德·斯周围的大多数人，还遇到了他的妻子简·格兰特，但是这帮人对于她有着强烈的妒忌心，采取了一种反感的、毫不同情的态度。卡洛塔没有适应下来。

在她访问贝尔格莱德湖的这一年里，她已经在几部电影中扮演了角色。她跟理查德·巴塞尔梅斯一起演了《灵魂的火焰》，跟阿道夫·曼朱一起主演了《马路之王》。在斯塔克·扬写的百老汇的一出戏剧《红色的猎鹰》中，她跟伊尔卡·蔡斯一起被选派在同一剧中担任角色。蔡斯小姐有两个配角——一个是修女，一个是女仆——她发觉卡洛塔"既和善又滑稽，非常爱讲下流话开玩笑，她穿着打扮得活像个荷兰自治市自由民的老婆，天生手脚灵巧能干，还有一双绝好的眼睛"。

卡洛塔喜欢穿一身洁白的亚麻布衣服，爱穿她那双特殊皮革制成的鞋子。伊尔卡说，她的脖子是爪哇人或者俄国人的那种脖子，而"她的身段却是荷兰人或者丹麦人的那种身段"。卡洛塔常对朋友们说，她的母亲是荷兰血统，而她父亲则是丹麦血统。蔡斯小姐注意到，卡洛塔的寓所总是"像刚出厂的硬币那样闪闪发亮"。蔡斯小姐所作的有关卡洛塔一个最为有趣的观察，竟是"她憎恨戏剧"。

奥尼尔本人那年夏天对剧场也感到极其厌倦——至少他对内森是这么说的。奥尼尔把戏剧舞台称之为永恒的橱窗，在这个橱窗里展览的依然是橱窗，除此之外便空空如也。阿格妮丝可以写她的短篇小说，写好之后只要一寄出去就万事大吉，出版也好，不出版也罢。他说，写小说的人最是得天独厚。对一个艺术家来说，忍受他所受的检查是一种耻辱。戏剧公会对于什么时候和是否上演《富商马可》一直在拖延。演员剧团一直在四处奔走，为演出《拉撒路笑了》筹集资金，但是，想从那些"说大话用小钱"的阔佬们手里搞钱，谈何容易。

阿格妮丝回忆说，那年夏天那个下午，卡洛塔跟伊丽莎白·马伯里以及其他一些人到他们家里来，这些人谈笑风生的那副样子，活像是一群男子汉。她还不知道，卡洛塔已经给她丈夫留下了极为特殊的印象。

然而孩子们的观察力却更为敏锐些。他们在自己的圈子里异口同声地议论着这个漂亮女人，她穿的那身浴衣的式样，他们有生以来是从未见过的；那浴衣简直就是一块布，而那块布"少得等于没有"。当她跟那些上流社会的女士一道来访的时候，他们就注意到她了。往湖边走去时，他们看到她跟父亲谈话，而他们的父亲看来已经完全给吸引住了。但是，如果说奥尼尔的孩子们凭本能觉察到有什么不大正常的话，那么，所写的有关奥尼尔那年夏天情况的文章，却没有迹象表明，他所一心想着的，除了他的工作和家人之外还有什么其他任何东西。

　　"当奥尼尔跟沙恩一起踏着轻快步伐沿着一些异教徒居住区边缘走去时，"伊丽莎白·谢普利·萨金特提及她访问奥尼尔时写道，"他走在稍后一点，高高的身型，穿着一件浴衣，四肢晒得黝黑，他脸上的神色不像个父亲，倒有点像个在奇异世界成长起来的、信任他人的孩子。"萨金特在那年夏天拜访半月形小木屋过程中，十分为沙恩担忧。他显得郁郁寡欢，不论是在那些大孩子面前，还是在那些登门造访奥尼尔的名流面前，他都显得惶惶然不知所措。

　　当戴维·卡斯纳来为《纽约先驱论坛报》搞一篇谈奥尼尔的星期专论文章时，他首先在半月形小木屋的宽阔门厅里跟阿格妮丝谈了话。卡斯纳发现："她是个颇有点姑娘气的妇女，是我曾经遇到的态度坦率、真挚，而且毫不摆架子的谦逊女人。"他们一听到脚步声，阿格妮丝很快就露面了。

　　卡斯纳看到奥尼尔"步伐轻快地走上前来，穿着一条宽松的裤子，一件厚运动衫和一双橡胶底运动鞋。他的欢迎是热情和真诚的，不过我却感觉到这种欢迎完全是超然的、冷淡的，尽管并非有意如此"。卡斯纳被奥尼尔搞得心烦意乱，要比他所遇到的任何知名人士搞得他心烦意乱更厉害。"我回忆不出有哪个人具有那种炽烈的目光、强烈得几乎有点神经质的外表，而给了我同样强烈的影响。重要的在于赋予他那双眼睛以炽烈的神情的东西，在于赋予他那强烈得几乎有点痉挛的外表的东西。你会感觉到，在他的天性中有一种深沉的气质，犹如大海的中间层，既深厚又平静。"

奥尼尔告诉他："每一个人都在他的心中，蕴藏着他自己笃信的真理，而对于他自身之外的世界，这种真理却几乎是完全不适用的。"他又补充说，他对什么事情都不再有任何固定不变的看法。世界上的事情过于纷繁复杂，要从这些纷繁复杂的事情中一一得出自己的意见，那是不可能的。

总的看来，卡斯纳在结束他们的谈话时做出了结论说："几乎所有作为奥尼尔剧作基础的主题，都是人对其周围环境的反抗。"两个人谈话的时候，黑暗降临了。奥尼尔对卡斯纳仿佛有一个小时一声不吭，而卡斯纳也同样保持沉默。这种印象在其他作家会见奥尼尔时也是存在的。斯塔克·扬曾经说过，"就和他平时对别人一样，我对他，这时也隐隐约约产生一种怜悯之情，觉得需要保护他。尽管他并没有什么危险，需要我对他加以保护，但我依然希望能保护他，替他去承担一切。"

戏剧公会的负责人劳伦斯·兰纳对奥尼尔也有一种既钦佩又要给予保护的感觉。兰纳说："他那和善的微笑，文雅的态度，富于哲理的超然的思想，以及崇高的人类命运的观点，不仅具有鼓舞力量，而且使他有极大的耐性，让你自己希望把自己的生命奉献给他，为他服务。""这时黑夜已经降临，"卡斯纳写道，"笼罩了缅因森林中松树环抱的那片湖水。他坐在那儿，凝视着平静的湖水，倾听着拍岸的水浪声和水浪重新向后涌退的声音。在那个难忘的时刻，我们头上仿佛笼罩着人世间无处不在的痛苦，好似一条厚厚的大被毯。奥尼尔突然打破了沉寂说，对一个剧作家来说，可能根本就没有象牙之塔这类东西。他要么在他那个时代的戏剧文学中生活，要么他从来就根本没有生活。"

奥尼尔和阿格妮丝在贝尔格莱德湖一直待到9月底。除了赶完他手头的通信事务之外，他完成的工作很少。《拉撒路笑了》一剧还是卖不出去，虽然奥尼尔曾经希望S.赫罗克可以选派查利亚平扮主角。他听说，马克斯·莱因哈特有兴趣干这件事——这位德国歌剧院经理到纽约来是要使《奇迹》一剧重新上演。但是，奥尼尔的剧本没有被选派演员演出达两年之久。

有件事一直使他苦恼。吉米·莱特为了让他高兴而写信给他，叫这位剧作家特别高兴的是，莱特说《拉撒路笑了》一剧里有许许多多多真实的奥尼尔。奥尼尔对他的一个老朋友埃莉诺·菲茨杰拉德说，莱特的话使他感到无尽快乐，而且在克制自怜和放纵自己方面差不多跟"喝了一加仑烈酒"一样值得。他又重新恢复工作了。

尽管奥尼尔把他的全都创造力投入于完成《奇妙的插曲》一剧的后半部，但他已经在构思《哀悼》一剧了。前一年春天，当他在百慕大着手写《奇妙的插曲》时，他在自己的工作日记中写道，他可以"用希腊悲剧的一套老式传奇情节来写一部现代化的心理情节剧"。他问自己，"把与希腊人命运观念相类似的现代心理上的东西纳入这类戏剧"是不是可能。问题在于，现代观众是不信神灵，或超自然的神奇因果报应说的。

他将用"清教徒那种罪与罚、与生俱来的信念"来代替希腊人的宿命观念、他们有关复仇之神的观念。他也可以把与清教徒禁欲主义相敌对的西格蒙德·弗洛伊德的某些原理糅进去。弗洛伊德认为，成年男人与女人的关系，在一定程度上是由他对他母亲的下意识性追求所决定的，而女人与男人的关系反过来亦复如此。奥尼尔准备运用这一观点，为他的人物创造一种心理上的困境。

我们也许可以这么推断，如果奥尼尔在写《奇妙的插曲》时是以这种弗洛伊德心理学为基础进行构思的，那么这部戏剧便应具有弗洛伊德的倾向。评论家兼教师约瑟夫·伍德·克鲁奇认为，事实上也的确如此。他写道："《奇妙的插曲》理智上的思想框架是由弗洛伊德心理学提供的。"但是，研究奥尼尔的学者多丽丝·亚历山大写道："《奇妙的插曲》完全是以叔本华的哲学为基础的。叔本华确信，'所有的爱都完全来源于性冲动，不论这种爱是如何的微弱'。"

在奥尼尔的《奇妙的插曲》一剧中，角色并不是按照弗洛伊德的基本原理激发起来的。正如多丽丝·亚历山大指出的，更确切地说，他们是"受荒谬力量支配的"。精神病医生达雷尔摆脱了他与女主人公尼娜的不正当恋爱关系，大概前往欧洲学习去了。几年后他回来向尼娜忏悔，承认说："我并没有学习！我没有生活。我极其想念你——而且受尽折磨。"《奇妙的插曲》一剧的结尾是真正完全详尽交代一切的一种结尾。正如约翰·加斯纳所说，那完全是叔本华悲观主义哲学的翻版。

无疑，奥尼尔在研究叔本华以及尼采的那些著作方面造诣颇深。他在为本杰明·德卡瑟雷斯的《可诅咒的人》写的一篇引言中探讨了他们的作品。他说，叔本华和尼采的作品是绝望与狂想的混合。他告诉德卡瑟雷斯说，尼采的《查拉图斯特拉如是说》较之截至1927年他所读过的其他任何一本书对他的影响都更深。那本书他是在本杰明·塔克开的格林尼治村书店的书架上发现的。有时候，奥尼尔坦白承认，他认为他的工作——以及他的生活——乃是对《查拉图斯特拉如果说》影响的一种可怜的反驳。然而，他每年就这么读自己的书稿，而且"从未失望过"，而这本书比他读其他任何一本书更能使他说出失望这种话来。

在写作《奇妙的插曲》过程中，奥尼尔还参考了弗洛伊德的作品。他阅读《快乐原则之外》一书，可能还读《精神分析学引论》。通过肯尼斯·麦高恩，奥尼尔跟一个实习分析员吉尔伯特·范塔索·汉密尔顿博士交上了朋友。吉尔伯特·范塔索·汉密尔顿博士正在从事一种名为"婚姻问题研究"的研究工作，这项研究是对200个已婚男女进行恋爱和性行为的心理调查。阿格妮丝和奥尼尔同意把他们自己当做询问对象。汉密尔顿博士说，在这项研究工作中给予协助的任何人，在研究最后结束时，都可以享有一次免费的分析服务。奥尼尔不仅采纳了他的建议，而且同汉密尔顿博士就《奇妙的插曲》中某些心理学方面的问题进行了商讨。

5. 重回百慕大

10月，奥尼尔和他的一家迁往里奇菲尔德。尽管事实上这是个繁荣时期，但小溪农场却找不到买主。11月底，奥尼尔一家登上了弗纳斯——百慕大轮船公司的"圣乔治堡垒"号，驶往百慕大。在航行中，奥尼尔同船上的新闻记者谈到了斯皮特黑德宅第。他说这幢房子很有些年代了，早在"保罗·琼斯海军上将在西印度海域升起他的旗帜时"就有了；他还提到，那所宅第曾"属于一个名叫弗里斯的人"，"那人在指挥一艘私掠船时，靠抢劫而来的战利品发了一笔横财"。

尽管奥尼尔十分腼腆，但在给新闻界提供好材料这一点上，却是一向慷慨的。在斯皮特黑德安居之后，奥尼尔便在海边那所大房子里装修了一间书房。他从窗子那儿，俯视着系船的船坞以及客人们游泳的地方。那年冬天以及1927年初春，他为《奇妙的插曲》定稿。

那年春天，有许多来访者。詹姆斯·赖特偕同他的新娘来访，那位新娘是个费城出生的上流社交界小姐兼艺术家，长着一头黑发，而且挺漂亮。小说家兼编辑贝西·布鲁尔跟她的画家丈夫亨利·瓦农·普尔也来了。她对奥尼尔和阿格妮丝两人都挺喜欢，但是她看出来了，正如斯塔克·扬曾经发现的那样，在奥尼尔和阿格妮丝之间存在着某种程度恼人的猜忌，关系异常紧张。

布鲁尔小姐曾经说过："奥尼尔只要看着阿格妮丝抽上一支烟，就可能对她产生猜疑。他们就会陷入一场争吵，而且来不及去参加正餐聚会。于是奥尼尔就会要求她抓紧，而阿格妮丝便会连鞋子也找不到，接着又将出现更为激烈的争吵。然后，阿格妮丝会在床底下找出那只鞋，可那时候恐怕已经是深更半夜了。"

"阿格妮丝就像一个女人所能做的那样，成了他的姐姐。他两就像两个孩子。两个人都是漂亮人物。阿格妮丝美得出奇。她有着纤细的手指，身体柔软而又苗条。至于奥尼尔，只要我一想到他，我就总是要看他的眼睛。那双眼睛总是内向的，深不可测。他以那双眼睛对你表示欢迎。当你跟他交流的时候，你便跨进了另一种生活。那便是他所具有的那种深度。奥尼尔是个内心充满了爱的人，不仅仅是个人的爱。他所认识的人中，没有一个不为他动情的。他总是以他的纯洁，为他们留下深刻的印象。"

　　然而，在他本人和其他人之间却总是有一段不甚明确的距离。当然，他有着很大的自我克制力。"奥尼尔开辟了一个苦痛的世界。他走到哪里，便在哪里创造出一个爱和痛苦的世界。他内心有着生活的诗篇，有着热情的诗篇。当然，最后他被搞垮了。这类诗篇是不能转变为正常生活的。至于他的孩子，不管发生什么情况，他对孩子都帮不上忙，因为他自顾不暇。"

　　奥尼尔的一位客人曾经回忆说，小尤金（吉恩）那时17岁，经常大声嚷着背诵诗歌给他父亲听。这位客人分析说："这孩子仿佛是在以诗歌巴结讨好他的父亲。奥尼尔会停下工作，来到船坞，倾听他儿子朗诵。他满心欢喜，而且自己也会朗读几段诗歌。"

　　年轻的小尤金把他父亲奉若神明，那年夏天更是有了新的发展。他跟母亲、继父和同母异父的弟弟沙恩住在道格拉斯顿。在那儿，在一次邻居家举办的聚会中，他被当做"我们最优秀的戏剧家之一尤金·奥尼尔的儿子介绍给大家"。"你们这是什么意思，"年轻的小尤金立刻惊讶地说，"我们最优秀的戏剧家之一，我父亲是全世界范围内最伟大的戏剧家。"

　　那年夏天是他生活中最快乐的日子。跟他父亲一样，他也把大海当做是他自己的。他游起泳来差不多跟成年人一样好。他有两只名叫鲍泽的小狗，那两只狗不时溜出去几天。他还有个女朋友佩吉·安，是邻居赫尔伯特家的女儿，他和她经常在一起玩。成年人笑了，他们彼此都说，这是很相配的"一对儿"。沙恩惦念着在普罗文斯顿的盖加，而盖加更为惦念他。阿格妮丝借助于写信，把沙恩生活的详细情况告诉了盖加。

　　沙恩仅仅模糊地意识到，那年阴影已经开始落到了他的父母头上。他回忆起，他父母之间有很多谈话提到了"卡洛塔那个女人"，但是有许多别的有趣的事继续给他留下了深刻的印象。一位著名的女演员正在考虑演出爸爸的一部名为《奇妙的插曲》的戏剧。接着，完全是突如其来的，有个纽约戏剧公会名叫劳伦斯·兰纳的男子来到百慕大，跟爸爸进行了长时间的会谈。虽然爸爸热情邀请他参加他们家每天下午的游泳活动，但兰纳先生还是谢绝下海。

　　有一天傍晚，他把《奇妙的插曲》带回到他的旅馆。那天夜里有一场吓人的暴风雨，可到第二天早晨天一晴朗，爸爸和妈妈便精神抖擞，兴致勃勃了。兰纳先生说，他打算把《奇妙的插曲》拿到百老汇去上演。

　　在兰纳先生离开百慕大返回纽约之前，他来到海滩，为爸爸拍电影。爸爸那天下午游泳游得特别出色。在百慕大好像总拍摄一大批照片。到这里来的每一个人都带上照相机，很快还有爸爸、妈妈、沙恩和乌娜，都会被要求站在这儿或那儿拍上一张。其中有些照片在报纸上和杂志上出现了。

　　与许多来到百慕大探望爸爸的某些重要人物不一样，吉米·莱特十分注意沙恩。他对沙恩要捉一条鳖鱼的想法抱有同感，不过像沙恩一样，他也是以捉"石炉鱼"替代了。爸爸好像跟吉米·莱特在一起时更开心一点，而且妈妈也是如此。莱特一家住了两个月，看到他们走了，沙恩觉得特别难过。

夏天降临百慕大的时候，暑热把岛上的许多居民都赶跑了——但是奥尼尔一家没有离开。沙恩注意到他的父亲变得越来越焦躁不安，越来越觉得寂寞无聊、厌烦了。奥尼尔对一个朋友说："在百慕大这儿，一个人很难找到机会，尤其是在眼下这样的暑热淡季，要想遇上一个稍微有点思想和修养的人谈谈，那可是难上加难。这种与世隔绝的生活有时简直令人难以忍受。"

8月份，沙恩已经没有客人可以陪他去游泳或者钓鱼了。爸爸有十几天卧病在床。"那些天的日子真是不好过，"奥尼尔告诉一个朋友，"一直有气无力。特别是在这种气候条件下患夏季流行性感冒，这对一个一心一意想得到一点生活乐趣的人来说，可真是活受罪。"

沙恩已经习惯于孤身独处了，他仿佛大多数时间都待在大海和沙岸之间的家里。他父亲也注意到了这一点。"总有那么一天，"他对沙恩说，"我看你也会变成一条会叫的石炉鱼，离开我们游走。那时候，我们恐怕也不得不用渔网把你捕回来了，然后再把你带回家！"有时候，就像这样，父子俩会一起轻松地哈哈大笑。对奥尼尔来说，只要他愿意，同儿子交流感情并不是难事。

第九章 诺贝尔文学奖

我深信，这一最高荣誉不仅是对我个人工作的褒奖，而且也是对我的所有美国同行的褒奖。这一次的诺贝尔奖金象征着美国戏剧时代已经到来，因此也就更加值得我感激。

——尤金·奥尼尔

1. 受诅咒者三部曲

1931年的一个星期天，奥尼尔在戏剧公会举行的记者招待会上说，美国联邦政府法官伍尔西已经对"《奇妙的插曲》唱了最好的挽歌"。他还说，要不是他在法国普莱西斯的那座城堡租期还有一年，他根本就不会回到欧洲去。奥尼尔说，他虽然由于瑞典人和俄国人把他的剧作演得别具一格而颇有热情，但他的看法却是美国戏剧胜过欧洲戏剧，而且"欧洲对美国之富于活力这一特点正寄予殷切的期望"。他预言，这种看法用不了多久将会获得广泛的承认。

"平凡普通的旅行家，"奥尼尔继续说，"走马观花，逗留短暂，所得的印象不过是那儿有文化而已。我跟不少戏剧界的人士谈过话，他们都有一种感觉，就是觉得美国舞台有欧洲舞台所缺乏的新鲜感。这种清新感听上去似乎是一种爱国宣传，其实不然。用不了多久，欧洲人就会到这儿来向我们学习。而且他们中的有识之士会认识到这种清新感。"奥尼尔说，居住在美国什么地方他并不介意，只要那儿"有太阳"就行。他谈到，他自己就像"一个特拉比斯特会修道士"那样刻苦创作《哀悼》，还说，他认为这部戏剧是"我所有剧作中的得意之作"。他已经试图把有关他对"命运的看法"写进这部戏剧。

大约就在那个星期，奥尼尔专心致志地同巴雷特·克拉克进行了长时间的讨论，来为他的作品进行辩护。因为克拉克曾写信给他，说是《哀悼》一剧弗洛伊德派的气味太重了。奥尼尔回答：如果司汤达、巴尔扎克、斯特林堡、陀思妥耶夫斯基现在也在创作各自的小说的话，充满弗洛伊德派味道的批评就会强加于他们的作品。奥尼尔对于男男女女的行为知道得清清楚楚，无须听说过弗洛伊德或者荣格，还有其他什么人，他照样可以写出《哀悼》。

在所谓的心理科学被发现以前，凡是优秀的作家，大多都是心理学家。奥尼尔只读过四部弗洛伊德和荣格一流的著作，而荣格是他唯一感兴趣的人物。然而他承认，如同过去的一位从事心理分析写作的作家——陀思妥耶夫斯基对他有过很大的影响。《哀悼》一剧中所阐明的东西，差不多任何"对于激发家庭成员相联系的潜在动机怀有深刻好奇心"的作家都是会写的。

由于当年6月曼哈顿渐渐热得叫人难受，奥尼尔便决定在长岛度夏避暑。奥尼尔在北港海滨租下了一所带护墙板的白色住宅。这一宅第与他的身份更为相配。他甚至还买了一辆有12个汽缸的卡迪拉克牌轿车。布鲁克斯·阿特金森取笑他买下这辆轿车时，奥尼尔解释说，这是便宜货。这辆轿车只跑过2000英里路程，有装甲保险，看上去崭新无损，是按1000美元标价卖给他的。他说，他无法拒绝世界经济大萧条送给他的这件漂亮礼品。他还说，在汽车、游艇方面，他毕竟一向是个"地道的注重派头的人"。

接着，奥尼尔谈到他的先父，他把詹姆斯·奥尼尔伯爵描述为专门给儿子赠送最时髦车辆、船只的一位慈祥的父亲。尤金谈到他那位父亲时说，这位基督山伯爵是"第一个开着帕卡德牌轿车在新伦敦大出风头"的人物。他和杰米把车子开上公路以后，车速加快到每小时40英里。他说，这辆帕卡德牌轿车从此再也没有完全修复过。

20年后，在《长夜漫漫路迢迢》一剧里，奥尼尔就曾写到过关于某人的汽车牌子注重派头的事。当时，剧中人物埃拉·蒂龙就是奥尼尔母亲的化身，她提醒大家注意查特菲尔德家乘坐自备的默西兹牌轿车又新颖又漂亮。查特菲尔德一家是全城"衣着入时的人物"，埃拉向丈夫和两个儿子解释说，跟查特菲尔德家的轿车相比，蒂龙家的轿车可算是社会的废物了。她说，默西兹牌轿车可比丈夫给她买的帕卡德牌旧轿车高级得多，她还责备丈夫给她雇了一位不称职的汽车房助手当他家的司机。

1931年夏天，奥尼尔邀请布鲁克斯·阿特金森去北港，向阿特金森谈了他写《哀悼》的基本目的。当时这部戏剧即将上演。这年夏天大部分时间，奥尼尔夫妇在海滩上晒日光浴，他们俩身穿浴衣，在海滩照了一张合影，供星期日报纸插图栏刊用。

奥尼尔的工作日记表明，他把当时称之为"受诅咒者三部曲"的《哀悼》创作暂时搁在一边。8月，当利夫莱特送校该剧的长条校样时，奥尼尔才发觉已有4个月没有碰过自己正在写的剧本了。剧中有了命运感："在并不借助于超自然的神奇力量，获得与希腊悲剧中关于命运这一主题的一种现代的心理上的近似感。"然而，这部戏剧还需要作某些剪辑，尤其是三部曲中的第一和第三两部戏剧。

2. 父与子

那年夏天，奥尼尔几乎一直没见自己的子女。小尤金刚在耶鲁大学读完三年级，凭着本身的条件成了个有名人物。他因希腊和拉丁诗歌知识荣获温思罗普奖，还被推举为耶鲁大学最得天独厚的高年级社团的成员，该社团在600名四年级男生中只举荐15名。和他同时被推举的有：费德里克·B.亚当斯——当时的摩根图书馆馆长，特克斯·麦克拉里——当时的电视评论员兼公共关系人。

小尤金也已订了婚。由于耶鲁大学禁止学生结婚，他就在学院里设法取得了校方行政当局的许可。他的未婚妻是弗雷斯·希尔斯家的伊丽莎白·格林，一位有钱的油漆厂厂主的女儿。吉恩(小尤金)和格林小姐于当年6月15日在纽约的长特儿岛市结婚。婚礼消息是由新郎的母亲宣布的。她说，这门亲事双方家庭均不反对。她和格林小姐的父亲是婚礼仅有的证婚人。当时，奥尼尔正下榻麦迪逊，在北港度周末。记者无从接近他，也无法问他为什么不参加儿子的婚礼。

有位记者跟奥尼尔的代理人哈里·温伯格谈过话，大概是在同奥尼尔对一下口径。温伯格对此事表示惊讶，拒不确认也不否认举行过安排奥尼尔见他的孩子，就乌娜和沙恩来说，变得越发困难了。阿格妮丝和奥尼尔的通信得经过哈里·温伯格过滤。1931年夏季，乌娜刚过第六个生日，沙恩将近11岁。过了几个星期之后，安排了一次会见。由司机驾驶卡迪拉克牌轿车，奥尼尔和第三任妻子卡洛塔把两个孩子带上车接走了。沙恩酷似他父亲，害羞得要命，而乌娜则有些晕车。卡洛塔想要让他们都觉得舒服自在，可是这次团聚却不怎么成功。

当年夏初，阿格妮丝开始寻找"一所第一流的美国预科寄宿学校"，她大概是按照同奥尼尔达成的离异分居协议条款送沙恩入学的。沙恩记得他母亲带他驱车走访过各种学校。她走访过劳伦斯维尔学校，因为该校就在附近，而且她认为，如果沙恩离愉园不太远，或许就不会那么想家了。看来，沙恩喜欢劳伦斯维尔的校园和校舍，可是他一见教员就害羞得要命。

阿格妮丝如同以往一样注意到，沙恩就像他父亲，越来越怕在大庭广众之下露面。她同劳伦斯维尔学校的注册员W. A. 詹姆森谈过一次话以后，就同意校方为沙恩个别辅导英语和数学。詹姆森先生被指定为沙恩学生宿舍的舍监。当时商定，阿格妮丝让沙恩提前于开学前一周进校，这样，詹姆森便能对他进行个别指导，"努力把他安排在尽可能好的环境中做我们该做的事"。沙恩于1931年9月21日在劳伦斯维尔开始了自己的学习生活。

劳伦斯维尔是最古老、最显贵的美国预科学校之一。如果沙恩仅仅是有钱的父亲的儿子，该校教师倒容易接受他。然而，他是一个被文明世界大多数人称为伟大天才的儿子。沙恩意识到了这一点。他因为对自己的父亲及其工作了解不多而感到苦恼，而且当人们问起他的父亲或要他回答自己最喜欢父亲的哪部剧作时，他感到为难，不知怎么回答才好。

沙恩在校的第一个月，他的教师便知道自己手头有个极其棘手的问题。起初，沙恩学得还好。教师指望他的英语成绩优异，可他的英语学科却是最糟糕的。他的操行记录还令人满意，可是詹姆森观察到沙恩的不安心情，于是要求阿格妮丝来校谈一次。会谈的要点是沙恩"必须培养极大的自立能力和责任心"。然而情况未见改善。第一个季度学业成绩报告表明，沙恩的成绩门门下降。他的英语不及格，在全班43人中名列第32。

劳伦斯维尔学校的一位杰出教师写道："我清楚地记得沙恩，他是我永远不会忘怀的千名学生中少有的几个男生之一。我常在学校和小教堂里见到他。他是个个子不大的男生，是我所见到的最讨人喜欢的一个孩子：长相俊秀，举止文静，黑眼乌发，容貌动人，而且总是温和友好。我之所以永远不会忘记他这样一个小个儿男生，是因为他看上去正是那般年龄应有的模样。"

尽管儿子的成绩令奥尼尔烦恼，他还是要先处理手头更要紧的剧本问题。奥尼尔在《哀悼》的校样上加以修改，可是，奥尼尔认为《阴魂不散》的第二幕需要再作一些修改。那"我就可以借助于我的耳朵来判断"，他对一个朋友这样说。听过演员念台词之后，他对一些"模糊之处"进行了修改。

1931年9月9日，戏剧公会宣布了这套三部曲组剧的演出计划。艾丽丝·布莱迪担任拉维尼娅达这一角色，她曾为不承担《奇妙的插曲》中尼娜一角而一直后悔莫及。艾丽丝·布莱迪的父亲威廉·A.布莱迪是这部戏剧的演出主持人，也是詹姆斯·奥尼尔的朋友，他曾经力劝女儿扮演这一角色。阿拉·纳齐莫娃饰演克里斯廷；厄尔·拉里莫尔饰演奥林；菲利普·莫勒任舞台指导；罗伯特·埃德蒙·琼斯负责场景。

奥尼尔和卡洛塔观看了为期七周的《哀悼》彩排。夫妇俩虽然熟知这部戏剧从手稿到初演这一漫长、复杂而又往往令人极其痛苦的创作过程，可是他们还是被彩排中的所见所闻强烈地吸引住了。奥尼尔对纳齐莫娃和艾丽丝·布莱迪的人物性格表演特别感兴趣，因为他们各自的表演多少与奥尼尔所想象的有一些异样。他总觉得，演员一念台词，台词本身似乎就变了样。

奥尼尔的三部曲组剧的三个组成部分被称为《归来》、《复仇》和《阴魂不散》。全部剧情发生在美国南北战争结束以后的一年之内。埃兹拉·曼农，一个有钱的船主、法官，当时的联军上将，即将解甲归田。他的妻子克里斯廷正与一个海军上尉、埃兹拉失了宠的叔父的儿子亚当·布兰特打得火热。曼农家的23岁女儿拉维尼娅憎恨母亲，变态地喜爱父亲，她获悉生母的奸情后，立即警告和威胁生母克里斯廷，倘若不终止私通关系，即予以揭露。母亲假装顺从女儿的最后通牒，背地里却串通奸夫，设计谋杀亲夫。曼农回家，当夜身亡，拉维尼娅发现盛过母亲杀父用的毒药的小盒子。医生却把曼农之死归咎于心力衰竭。

曼农家20岁的儿子奥林，以远非孝顺之心爱着自己的母亲。丧父之后两天，他从部队回家。拉维尼娅便利用他对母亲的妒忌，拉他帮助同报杀父之仇。姐弟两于是一起跟踪母亲，见她去一艘战舰上同布兰特幽会。他们偷听到这对情人的犯罪经过。母亲离舰，奥林就杀死了布兰特，然后拉维尼娅帮他逃离了现场。警察局把这一凶杀案误断为海盗袭击致死。后来，拉维尼娅和奥林把布兰特之死告诉了母亲。母亲便开枪自杀，而世人却把她的死归因于她不堪忍受丧夫之痛。

拉维尼娅带着奥林同去南海旅游一年。回家时，拉维尼娅已长成美女，酷似其母，奥林长相与其父极其相似。拉维尼娅希望：从此以后，姐弟要摆脱曼农家的祸根，各奔前程。可是，由于杀人内疚而致疯的奥林却威胁姐姐说，除非她放弃一切结婚的意图，否则他就要把整个曼农案情公之于世。他发誓说，自己将终身不娶。他竟向姐姐乱伦求爱，之后开枪自杀身亡。拉维尼娅知道曼农家三人之死的隐秘终将妨碍自己获得幸福，便决定隐居，至死不再露面。

　　《哀悼》是《俄瑞斯特斯》三部曲组剧的现代翻版。在希腊神话"俄瑞斯特斯"中，埃斯库罗斯叙述俄瑞斯特斯和他姐姐厄勒克特拉同报杀父之仇：父亲阿加曼农遭到妻子克莱坦尼斯特拉和情夫埃癸斯托斯谋杀而身亡。如同古希腊戏剧里那样，奥尼尔《哀悼》中的人物也被表现为反对神的法典。然而，这部新的《哀悼》剧的发展，是以现代心理和生理的合理因果观念为基础，而不是以复仇之神的灵感为基础的。尽管如此，他在创造一个不可避免的、压倒一切的印象方面所获得的成功，要比曼农全家的反抗更为有力，而且他在这一点上抓住了希腊古典悲剧的某些精华。

　　《哀悼》在波士顿预演之后，于1931年10月26日在纽约戏剧公会的剧院公演。评论家对这出戏热情空前，超越了现代剧院史上任何新剧的程度。《纽约时报》的布鲁克斯·阿特金森称之为奥尼尔的杰作，并说该剧"构思胆识过人，创作风格和结构出类拔萃"。约翰·梅森·布朗称之为"使戏剧公会恢复了高级地位的一大成功"。约瑟夫·伍德·克鲁奇撰文在《民族》周刊上称颂"该剧将成为截至20世纪，对戏剧文献做出最具有永久性贡献的剧作"。《时代》杂志把奥尼尔的照片刊登在封面上，把他誉为"一位43岁的成熟的天才"。

《哀悼》从下午5点钟开演，足足演了5个小时，中间包括一小时幕间晚餐。《纽约人》杂志记者罗伯特·本奇利说，他的确喜欢这出戏，可是看到剧终，他累得"腰酸背痛"。该刊发表的另一双关妙语是：你得待在剧院里，直到厄勒克特拉哀悼才会离场。亚历山大·伍尔科特报道说，他无意中在科伦尼餐馆听到两位用餐女士的对话。一位说："亲爱的，你能不能对我说，你家有过乱伦的事？"

《哀悼》共上演250场。戏票非常难得，连奥尼尔也不得不购买首场演出票馈赠友人。他自己则在开演那天离开纽约去了北港。当阿尔特·麦金利写信向他要戏票时，奥尼尔回信说，当一部戏剧变成轰动一时的戏剧时，买到戏剧公会剧院上演的戏票，对一位剧作家来说也是力不从心的事。在戏票对外发售以前，向戏剧公会订票的人已拥挤不堪，一连六个星期，夜夜满座。奥尼尔说，他感到精疲力竭，希望能再痛饮一次，再服一帖解乏剂。"不过，我这么多年来还没服用过呢，想起买票，真叫我不由得有一种年迈之感了。"这些他对老酒友说的标准的评论话，反映出他的怀旧之情甚于他的实际意向。

沙恩渴望看《哀悼》。他的同学开玩笑地要他打通关节，入场看戏。他终于给父亲去了信，直接问父亲他自己能否去纽约观看《哀悼》。他的父亲没有写回信。沙恩收到卡洛塔的打字信件。信的开头说，他父亲和她本人收到了他的来信，听说他在劳伦斯维尔学校生活得又忙又愉快，甚为高兴。

卡洛塔对沙恩说，亲爱的孩子，不行啊，你不能看《哀悼》。

她列举了不能看的种种理由：第一，也是最重要的，沙恩欣赏不了，任何带他去观看这出戏的人会在观众里惹人注目，会显得荒唐可笑，而且会招来应得的不愉快的批评。她指出，沙恩的父亲从不惹人注目或炫耀自己，爱他的人应该以他为榜样。第二，她向他保证说，他父亲的下一个剧本是沙恩欣赏得了的。

11月初，奥尼尔和卡洛塔决定去曼哈顿居住。他的理由是："在图雷恩过了两年沉闷的生活之后，纽约可能有他不该错过的、有益于他工作的东西，有他该做、该看的东西。他们租赁了一套上下两层的公寓套间，地址在派克大街第1095号，搬迁费用共花了2.5万美元。

3. 重返纽约

奥尼尔在1931年和1932年之交的冬季重返纽约期间，未能从事任何创作。3月，他已被捧为名流，同德国戏剧家格哈特·豪普特曼一起，在奥托·卡恩家共进午餐。豪普特曼在乘船游览时对记者说："在我这次访问中，有两件突出的大事：我会见了奥尼尔，我观看了《哀悼》。"在卡洛塔心目中奥尼尔似乎爱他的老朋友甚于爱她。奥尼尔的老朋友之一是沃尔特。卡洛塔说过，奥尼尔不喜欢见人，除非有时遇上他称之为业务同仁的人，不知从地球的哪个角落里钻出来看他，他才会接待他们。但是谈话之后，他又会依然回书房去工作。"

有时候，奥尼尔会遇上以前在"吉米牧师"酒馆或是当水手时认识的一位老朋友，从容闲聊，谈论往事。他的大多数朋友并没听说过他已成了一位功成名就的剧作家。有一位在纽约观光汽车上招徕生意的朋友听说他的老朋友奥尼尔有一部戏在百老汇演出，就决意要这汽车直驶戏剧公会剧院。他就用自己的扩音器大喊起来："全世界最伟大的剧作家尤金·奥尼尔写的全世界最伟大的戏剧。"

谈到以往"得意"的时光，奥尼尔常对卡洛塔讲起他们在新奥尔良白天逛妓院的情景，还有他常去的那些低级酒吧间。他能吟唱许多旧小调。卡洛塔试图抚慰奥尼尔的怀旧心情，便上乐器店询问是否有自动演奏的钢琴出售。她在乐器店的储藏室里找到一架，那是因为一家妓院的"太太"付不起货款而又被收了回来的东西。钢琴漆成绿色，上面饰有玫瑰花和美男孩，演奏起来，漆光闪烁。她同时还弄来了几卷旧乐谱，其中有《孤独一人》、《春天的拉格》、《那神秘的拉格》、《教堂里等你》、《亚历山大的拉格泰姆管乐队奏鸣曲》和《罗伯特·E，李》。卡洛塔把这架自动演奏钢琴作为生日礼物送给奥尼尔，并说她祝愿他拥有心里想有的一切。

奥尼尔为这架钢琴取了个名字，叫罗西，琴盖上面常年安放一顶圆顶礼帽，帽中有半截镍币。过了多年，他对汉密尔顿·巴索说，他并不肯定大弹罗西是个好主意。他说，我想背诵佛莱恩写的一首美丽的诗，但是嘴里哼出来的却是"人人都在干活"或"啊，你这伟大、美丽的布娃娃"。

奥尼尔在派克大街1095号还没住上半年，他就说他对纽约已经"腻烦透了"，"无聊得直打哈欠"。夫妇俩似乎需要迁往一个更满意的地方。这次迁址，大为破费，然而，他却以这样的理由聊以自慰：如果他和卡洛塔并不设法住进他诞生的城市，他们会因此而懊悔一辈子。他以后决不会再住进都市。因此，奥尼尔夫妇再次寻找新住处。对于他们不得不经常搬家的原因，卡洛塔曾经解释说，像许多其他伤残人一样，奥尼尔把自己的不舒服归咎于环境不好，而不是自己体质虚弱。毫无疑问，她的这种说法不无道理。然而，话也得说回来，奥尼尔一生都是处于不安之中，这次搬家其实另有一个更直接的原因。

奥尼尔对戏剧公会剧院说，这时期他并不从事写作，而是在构思一套三部曲组剧：其一，以美国独立战争为背景；其二，写1840年；其三，故事发生在"现在"。这部雄心勃勃的三部曲组剧，总有一天会扩展成11本的组剧并支配他的一生时光。他早在法国就有个初步构想。可是因为派克大街举目不见海洋，他就不能把创作动力变为行动。他伤心地说，这些戏剧"在我脑子里酝酿得还不够成熟"。他连续不断地害病，而且常常卧床不起。他对一个朋友抱怨说，他是"无精打采，疲惫不堪"。他厌恶"死胡同"生活。

奥尼尔在海岛海滩僻静处买了一块土地，在卡洛塔经管下，建筑师开始营造一幢20个房间带围墙的临海住宅。因为卡洛塔非常怕火灾，房屋便以砖灰墙、石板顶修建而成。《住房与庭园》杂志把它描绘成"16世纪梅杰肯农舍和15世纪寺院风格的结合"。

奥尼尔原打算在1932年3月去海岛，但是他得了流行性感冒，等到他和卡洛塔把自己的公寓套间转租出去，似乎可以一劳永逸地离开纽约时，已是4月了。有一段时间，他们住在海岛的科洛特家，直到新居落成；然后，他们在6月迁入新居。于是，致友人的请束又从奥尼尔笔下振翅四飞而去。他写道:"他多么为拥有自己的新居而骄傲,多么渴望以新居炫耀一番,也多么想让朋友们赏心悦目啊。"这是他或卡洛塔有生以来第一次住在自己设计、自行建造的新居里。他说,他先前总是"买别的老乡的房子"住。住别人的住宅决不会令人满意——"且不谈住这种屋子是否吉利。"

奥尼尔夫妇把这幢新屋命名为卡萨吉诺塔。这是将他们彼此间的昵称——吉恩和洛塔——名字摘头掇尾而成的,是卡洛塔的主意。沙恩同奥尼尔的律师多次联系,日期一改再改,最后总算定于1932年夏季去海岛观赏卡萨吉诺塔新宅。当时,沙恩在离海岛最近的公路城不伦瑞克下了火车,奥尼尔的新轿车司机赫伯特·弗里曼开着棕黄色的卡迪拉克牌大型高级轿车来接他,然后他们驱车12英里驶抵卡萨吉诺塔。沙恩发觉他父亲的住宅十分华美,一家人的活动安排得犹如一所井然有序的医院。

奥尼尔完成了上午的定量工作之后,便带沙恩上楼去看他的书房。书房设计成旧时帆船船长的指挥舱那样。天花板和墙壁是手劈木料组装的。有一排临海凸出的玻璃窗,就像西班牙大帆船的船尾。书房里摆着一张早期的美国式桌子,靠桌拉出一把温莎椅。玻璃窗下,有一张高脚桌,奥尼尔会偶尔靠桌站着写作。

书房里,许多东西好像都是经过精心挑选,特地要讨这位有想象力、渴望见到父亲的13岁男学生的欢心。书房里有船只模型,有报更的时钟,还有一根桅杆挺立在室内,杆边上挂着船上接绳索用的穿索针,再有就是各式各样的航海用的小机件。室内还有一架螺旋形的铁梯,盘旋着直通一个秘密的观景处。奥尼尔可以在这儿私下晒晒日光浴。

沙恩在卡萨吉诺塔用过午餐之后，便正式接见家仆。卡洛塔和奥尼尔驾车带沙恩在海岛逛了一圈。据沙恩回忆，他没能有机会同父亲单独交谈，但是他记得，父亲是个浪漫式的人物，是值得他爱、值得他敬仰的父亲，这个印象后来变得日益强烈。父子重逢，彼此都很腼腆。

　　沙恩在卡萨吉诺塔没住几天，小尤金·奥尼尔就带着婚后一年的新娘来拜见父母。小尤金·奥尼尔以最优成绩毕业于耶鲁大学。他遵照父亲的教导，研习希腊古典名著，"因为把希腊文的《新约圣经》最完美地译成了现代英语"而赢得了诺伊斯·克特奖，此外，他还获得了战士纪念富特古典名著研究基金和雅各布·库柏希腊文研究奖，他准备今后在耶鲁大学学习并在该校攻读博士学位。他将于一个月之内和他的妻子一起去德国弗莱堡大学攻读。

　　沙恩不难看出父亲非常以他的同名长子而自豪，同时也为能有贝蒂这样一个活泼、美丽而且又是一笔财产的继承人的儿媳而深感骄傲。小尤金可一点也没有沙恩和他父亲的那种腼腆怕羞。小尤金能言善辩，嗓音极其洪亮悦耳。他能旁征博引，与父亲探讨文学问题时，可谓旗鼓相当。对于13岁的沙恩来说，小尤金是他争夺父亲宠爱的一个劲敌。

　　沙恩和小尤金·奥尼尔同时结束对父母的探望，然后一起旅行北上。沙恩最近曾经说过："我永远不会忘记这次的海岛之行，因为那时我初次认识了我的哥哥。"对于在普罗文斯顿和百慕大时的小尤金，沙恩仅仅有一点模糊的记忆。至于他父亲，沙恩觉得自己并没有真正认识他。他似乎不能接近父亲，不能使父亲了解自己是多么爱他，多么敬佩他，多么想像小尤金那样学有所成，从而讨得他的欢心。而且，不知怎的，他觉得这些失败竟全是自己的过失。

当年秋天，沙恩返回劳伦斯维尔上二年级以后不久，他显然学得并不好。他的操行成绩不佳，英语和拉丁语都不及格。沙恩的舍监之一威廉·怀曼曾说过："我认为沙恩离家送养在外，年纪过小了。在一所寄宿学校里，真叫一位小个儿男孩受不了。"

11月底，沙恩的功课仍然不好。劳伦斯维尔学校的教员把这一男生功课不及格的问题作为一大难题提了出来。他们特别希望沙恩成功。无论是教师还是校长艾博特博士，都觉得沙恩的主要问题是需要来自他父亲的赞许——使他的父亲注意他、关切他、向他表明父亲的关怀。有些教师倾向于沙恩能依靠自己的力量从自己的困境中解脱出来。艾博特博士可并不这么看。他给奥尼尔写了一封信，十分坦率地说，沙恩亟须他的赞许，还说，根据他的经验，一个做父亲的特别关切自己儿子学业上的进步，一般会产生奇迹。

校长艾博特接到复信说，劳伦斯维尔学校和奥尼尔先生之间不可能直接进行联系，所有联系必须通过奥尼尔的代理人哈里·温伯格办公室进行。艾博特博士向阿格妮丝说起过这封复信。她说，是啊，奥尼尔完全同外界隔绝，不仅同她自己——沙恩的母亲，而且同他的子女。

4. 诺贝尔文学奖

1936年11月10日，奥尼尔的代理人理查德·马登从纽约打电话告诉他，《纽约时报》驻斯德哥尔摩记者听说诺贝尔文学奖有可能授予奥尼尔，或者法国诗人保罗·瓦莱里，或者芬兰作家F.E.西伦佩。奥尼尔说，他对传闻一向不予理睬——前几年也有过类似的传闻。

第二个星期的星期四早晨，华盛顿大学S. K. 温泽尔教授打电话给卡洛塔，美联社驻西雅图的记者对他说，奥尼尔肯定已经荣获诺贝尔奖，奖金约为4万美元。然后他又补充说，记者已在前往奥尼尔住宅的途中。

奥尼尔接见记者的时候，身穿一件毛线衫和一条宽松裤，衔着烟斗，身边坐着温泽尔教授。通用社的玛丽·阿兰德问了那个按惯例要提出的问题："你准备怎样使用这笔钱?""用来缴税！"奥尼尔大声说道，税务和离婚赡养费是年年叫他头疼的两件事。相对而言，当时所得税的数额并不大。

奥尼尔一一回答了那些肤浅的、有时甚至是毫无意义的问题。"你感觉如何?""面对这样的荣誉，我感到有些愧不敢当。"对这个奖他有些感到意外，因为他一直相信，应该获得本年度诺贝尔奖的是西奥多·德莱塞。"他当之无愧。"奥尼尔说。然后，他突然间意识到自己尚未接到正式通知。"我的唯一根据，"他不安地说，"仅仅是在座诸位记者告诉我的消息。两年前，我甚至还收到过祝贺的电报。"

虽然他曾向记者表示，他将亲自前往斯德哥尔摩接受古斯塔夫国王授奖，但是两天之后，他给瑞典皇家学院拍了一份电报，说他无法按时到达。他只能在2月份乘一艘货船从西雅图出发，取道巴拿马运河前往瑞典。卡洛塔对这次旅行从一开始就不热心。不过到了2月的时候，这已不再成为问题，因为奥尼尔这时突然病倒，只能躺在病床上。他给诺贝尔奖委员会写了两封措辞典雅的感谢信，汉密尔顿·巴索把这封信称之为"奥尼尔正式演说风格的唯一例证"。

获诺贝尔奖的消息传开之后，奥尼尔从世界各地收到大量的信件和电报。他觉得应该一一答复。要求他出席社交活动和接受采访的压力越来越大，于是他和卡洛塔逃到了旧金山，地址严格保密。他对他的朋友说过："诺贝尔奖确实了不起，能使人神经松弛，忘记工作"，但是他感到这"有点不务正业"，后来他一直有这种感觉，直至社会舆论逐渐平息。

5. 儿子的成长

不祥之鸟必定早在他与记者谈话时就已在他头上盘旋。圣诞节前不久，他突然感到腹部剧痛，不得不住进了旧金山郊区奥克兰的梅里特医院。医生诊断是阑尾炎，但是阑尾还没来得及割除就已穿孔。圣诞节的第二天，奥尼尔接受手术，割除了阑尾，但是自此以后，这根被切除的阑尾似乎就"连续不断地带来各种各样的病痛"。

他向一个朋友诉苦说：这样病还没完全好，那样病就跟着来了，"就像一根接一根抽香烟一样"。卡洛塔这时又正好得了重感冒，不得不躺在奥尼尔隔壁的一间病房里。直到1月底，奥尼尔才感觉稍好一点，可以勉强接待客人了。不过这时双手颤抖的现象变得愈加明显。他的体重减轻了许多，一双手显得格外小、格外细长，不过在那件蓝色睡衣里面——他把纽扣整整齐齐地一直扣到颈部，渐渐灰白的头发和胡子也经过精心梳理——他的身体依然和以前一样健康。

1月27日，他躺在病床上，躺在各种各样侦探小说的包围之中，接见了旧金山各家报纸新闻记者和摄影记者的采访。他提到准备在加利福尼亚北部定居，纳帕山谷是他见过的最美丽的地方。"我心里盘算过，"他说，"说不定我会在那里买下一个牧羊场，然后再把羊赶走，不过这也得看牧场的价格贵不贵。"他为卡洛塔不能和他一起会见诸位记者表示歉意。"她患重感冒，"他解释说，"而且气色很不好。她不想见任何人。"

他大部分时间谈的是他那组剧本，这组剧本写的是"一个远离现代美国家庭"的五代人的故事。第一部已经完成，另两部的初稿也已完成。他不愿谈这组剧本的主题。他说："如果说得太多，等于把秘密全部暴露，如果说得太少，等于不说。"这组剧本如果搬上舞台，将演大约20小时，不过每一部剧本的长度依然和一般剧本一样。"我的打算是不等第二部剧本上演就把第一部撤回来，即使第一部的演出非常成功。这组剧本不是为了盈利。"

他赞扬了联邦政府的戏剧规划，说这个规划"将把话剧带到话剧已被遗忘了的地方"。"旧大陆上的话剧已经死亡，"他说，"唯一还能称得上剧作家的两个英国人是两个爱尔兰人，萧伯纳和奥凯西。"

以瑞典驻旧金山领事为首的古斯塔夫国王的代表们带着诺贝尔奖来到医院。奥尼尔下床接受了奖章和证书。在场的人看见奥尼尔有点颤抖，领事没有发表正式授奖演说，他说："有时候礼仪应该服从需要，这一次就属于这种情况。"奥尼尔也没有致答谢辞，只是说了声谢谢。

对于奥尼尔获得的这个新荣誉，舆论界的评论非常热情。不过最有趣的评论，恐怕还是1930年辛克莱·路易斯接受诺贝尔奖时说的那几句话："如果你们选奥尼尔的话——他对美国戏剧并没有做出多少贡献，只不过是在10年至12年间，把它从一个结构精巧的骗人的虚假世界，彻底改造成了一个多姿多彩、可怕而又伟大的世界——那么你们一定会被提醒，他干的事要比嬉笑怒骂坏得多：他不认为生活是像学者的书斋那样，一切都安排得井井有条，而是把它描绘得既可怕又美好，常常像飓风、像地震、像熊熊大火那样令人望而生畏。"

在给奥尼尔写信表示祝贺的人当中，有许多年前曾在盖洛德疗养院照顾过他的玛丽·克拉克护士。奥尼尔在他的回信中说："诺贝尔奖给我带来的最令人高兴的事情之一便是收到了你的来信。"然后他又说，她是"很少、很少"几个给他写信的"老朋友"中的一个。他悲哀地说，他们中的大多数，要么已经过世，要么由于某种原因"疏远"了。

那年春天在旧金山，虽然奥尼尔身体上的病痛似乎是好了，但他心里却感到"绝望"。他的情绪非常沮丧，甚至觉得再也无法写作了。他常常把这段时间说成是"他最近的一次彻底崩溃"。从春天直到秋天，这种阴郁的心情一直缠绕着他。12月份卖掉卡萨吉诺塔之后，他和卡洛塔再一次变得无家可归。

在这种心力交瘁的情况下，那年春天，奥尼尔无法给沙恩回信，这是可以理解的。不过沙恩——他现在已经18岁——却相信，虽然他没有收到父亲的回信，但他一定可以在夏天到加利福尼亚去看他的父亲。快到6月的时候，他写信询问什么时候来比较方便。他又写信给他的母亲，说他一时不能回家，他要到西海岸去看他的父亲。后来事实证明，他这些话说得太早了点。

阿格妮丝回信说，去当然可以去，但是最好先问清楚卡洛塔是否欢迎他去。"我原希望跟父亲谈谈，"沙恩说，"谈谈我当作家的打算。我觉得他能为我提些建议。我想告诉他我最近的情况。"但是他并没有受到邀请，"您对卡洛塔的估计是对的，"他后来写信给他母亲说，"她说她有朋友去看她，我不能去。而且旅费也很贵。"

经历这次失望之后，沙恩的态度发生了突然的变化。"我认为，"学院院长写信给阿格妮丝说，"对于沙恩来说，只能采取严厉的态度，因为我已经试过温和的办法，结果收效甚微。"

秋天，回到佛罗里达陆军军官学校，沙恩依然是同学中最受欢迎的人，同时也依然是调皮捣蛋的学生之一。虽然他已经读到了毕业班，但阿格妮丝还是决定让他转学，把他送到一个不必以挥霍为荣的学校去。她选中了拉斯顿克里克学校，戈尔顿的一个牧场式的预备学校，靠近科罗拉多的丹佛市。沙恩现在打定主意，要学小尤金的样，也进耶鲁。沙恩喜欢拉斯顿克里克学校，但是他在那里的表现跟以前在别的地方一样，时好时坏。秋季里他的成绩非常优异，但是圣诞节后，校长通知说："他不得不对他在各方面的退步提出警告。"

1938年2月下旬，阿格妮丝得知沙恩有了要去西部当牛仔的念头。这时他又正好写信来说他要去看他父亲，而且他父亲还要把路费寄给他。阿格妮丝在3月底给温伯格写了一封长信，请他"转告尤金"，"沙恩看来是迷上了牧场生活，心已经飞到了西部——就和他以前向往南方生活一模一样。"应该让他父亲知道，这不是件坏事，"说不定还会是新的一页的开始。"但是她要求奥尼尔务必不能怂恿沙恩"放弃大学，留在西部当牛仔"。她希望他至少能受两年的大学教育，如果到那时他依然想在西部度过一生，那也可以在一种更成熟的情况下做出这一重要决定。

"他父亲应该鼓励他好好学习，考入耶鲁，"阿格妮丝写道，"他父亲可以轻而易举地做到这一点——沙恩现在是很容易接受外来影响的。和许多好人的情况一样，他年纪虽然也不算小了，但还是不太懂事。对他今后究竟做什么事，心中根本无数。"

1938年3月25日，奥尼尔给沙恩寄去一封用打字机打好的信，落款署了"父亲"两个字。信很简单，只是建议他买一张从科罗拉多的戈尔顿到加利福尼亚的奥克兰的来回中等票，这样就可以有一段路程享受卧铺待遇。

第十章　最后一部剧本

只有在写作的时候，我才是有生命的。我不需要休假，对于我来说，写作就是生活中的休假。

——尤金·奥尼尔

1. 月照苦命人

《月照苦命人》是奥尼尔写的最后一部剧本，写的是杰米生命中的最后一段经历。杰米母亲去世之后，他拼命酗酒，想借此早点结束自己的生命。杰米来到他父亲遗留给他的农庄，看望农庄上的那个爱尔兰老佃户，以及老佃户那个长得像座大山似的女儿乔希。乔希很快爱上了杰米。她父亲担心杰米想把他从农庄上赶走。杰米知道邻近有个有钱的英格兰人，很想买下他的农庄，因为农庄上的猪经常跑到他的池塘里去。

这个老佃户竭力怂恿乔希勾引杰米，然后便可以抓住他的把柄，保住农庄。第二幕快结束时，杰米深夜来与乔希幽会。他已喝得酩酊大醉，想把乔希当做妓女一样发泄一下，突然之间，他想到自己这毫无意义的一生。第二幕幕落之时，杰米轻轻吐出的一句话可说是他的自我评价："你这个无可救药的混蛋！"舞台的天幕上挂着一轮明月，照耀着奥尼尔这个不幸家族中最不幸的成员，杰米躺在乔希的怀抱里睡着了。

杰米表白说他根本没想过要把乔希父女赶出农庄，一直爱着杰米的乔希此时也打消了勾引他上圈套的打算。乔希告别的最后一场尤其催人泪下。"希望你能如愿以偿，在睡梦中死去，杰米，亲爱的。愿你在宽恕和安宁中永眠。"从剧情来看，乔希的父亲之所以如此策划，归根结底还是为了乔希。他想使女儿能与杰米结为夫妻，只要他女儿能够幸福，他心甘情愿失去自己的女儿——他在这个世界上的唯一亲人。

劳伦斯·兰纳认为《月照苦命人》是"奥尼尔所写的最杰出的剧作之一，是当代为数不多的真正杰出的悲剧之一"。这种说法或许有点溢美，但是一出充满宿命成分的戏，能写成这样，也确实算得上非常成功了。和其他一些戏一样，这一出也有些稍嫌冗长；奥尼尔在这出戏里引用的诗句也太多了。不过，开始的几场确实幽默风趣，也很粗俗，不亚于以往的作品。后来杰米和乔希——一个醉汉和一个畸形的女人的那几场戏竟能如此充满柔情，也确实令人拍案叫绝。唯有大手笔才能将这两个角色放在一起，并使他们在观众的心中引起如此深刻的同情，占有如此重要的地位。

当该剧在1947年2月20日于俄亥俄州哥伦布市首次上演时，一些观众看到第二幕结束就陆续离开了剧场。兰纳问守门人他们为什么中途离开。"我不知道，"守门人说，"他们仅仅说他们是爱尔兰人。"

兰纳早就担心乔希的父亲——那个康涅狄格州的爱尔兰老农使用的那些不登大雅之堂的粗俗语言，会使他们感到不高兴。那些竭力想模仿中产阶级的爱尔兰裔美国人，对于奥尼尔剧中的那些爱尔兰人，常常是抱着不以为然的态度，在其他几个城市巡回演出之后，剧中的语言问题越来越叫演出人感到不安。

在底特律，警察以有伤风化为名下令禁演。兰纳的太太阿米娜·马歇尔当时担任演出人助理，她去找了发出此项禁令的警察局官员。那位官员提出的主要理由是：在同一句台词中同时使用了"母亲"和"婊子"的字眼。

"你们允许《俄扎克湖中的少女》上演，"兰纳太太说，"可是你们却不允许获得诺贝尔奖的美国最伟大的剧作家尤金·奥尼尔写的戏剧上演？"《俄扎克湖中的少女》是一部赤裸裸的淫戏，讲的是一个酿酒贩子和一个下流女招待之间的罗曼史。它的广告明目张胆地把它称之为"世界上最糟的戏"。"夫人，"警官说道，"我可不管他得过什么奖，总之我不能让他在我的城市里上演下流戏。"然后他解释说，他曾"帮助改写《俄扎克湖中的少女》，最后决定那出戏只能在本市演出"。他又以教训的口吻对《月照苦命人》的演员指出哪些话可以说，哪些话不可以说。玛丽·威尔契记下了指示中的一点——"你们不能说婊子，但可以说妓女。"

《月照苦命人》于1947年3月29日在圣路易斯结束了最后一场演出。后来直到1957年才在百老汇重新上演，三个主要角色分别由弗朗柯特·托恩、温迪·希勒和西里尔·古塞克扮演。

2. 1947年的春天

1947年的春天来得格外早，但奥尼尔经常生病，戏剧公会说要准备另聘演员，再次上演《月照苦命人》一剧，但奥尼尔没有同意。"尤金要我们把这个计划推迟，"兰纳说，"等他身体稍好一些再说。出于同样原因，他还要求我们推迟《诗人之灵气》一剧的演出。"所以，《诗人之灵气》结果也未能上演。

那年的春末以及夏、秋两季，奥尼尔一直在和汉密尔顿·巴索合作，为奥尼尔的传记收集材料。这篇自传将分三部分在《纽约人》杂志上连载。这是奥尼尔最后一次和一位传记作家合作。从6月开始，直至同年12月底，巴索每星期都要在奥尼尔的寓所里花上整整半天时间。巴索是位学者，一个性情温和的南方人，对奥尼尔的作品非常崇拜。

巴索告诉奥尼尔说，20年前他曾在时报广场遇见过他。那是1926年春天，巴索刚刚看完《大神布朗》的演出，情绪依然十分兴奋。他从剧院走进温馨的春之夜，自言自语地反复背诵剧中一句他特别喜欢的台词。那是母亲西贝尔在最后一幕说的："周而复始——春天又再来！生命又降临！但是永远，永远，爱，又是爱。"巴索走到地铁入口处时，大声地叫喊起来。突然，他发现一个双眼深陷的人正盯住他看，脸上带着一丝微笑，这人就是尤金·奥尼尔。这段故事很使奥尼尔高兴，因为正巧与他的一个信念一致：生活中的许多事都是偶然事件的结果。

巴索在采访奥尼尔的过程中做了大量笔记，其中有一部分保存至今。笔记本里有一页，可以说是当代最好的奥尼尔印象记，时间是1947年7月9日。

"今天见到奥尼尔时，他好像比上次抑郁得多。上次见面时，我们谈到两人共同经历的往事，两人都认识的朋友，他显得十分兴奋和活跃。他不喜欢纽约，经常怀念加利福尼亚，仿佛得了严重的纽约忧郁症。听他介绍他在那里住过的那幢房子，我也跟着感到难过。如今只能关在家里，既不能工作，也无其他事情可做，心情自然要变得抑郁消沉。天气又热又闷，纽约市区典型的7月天气，但是我们没像往常那样坐在顶层的晒台上，而是坐在他寓所的起居室里。他虽然还不满六十岁，但看上去已经接近七十岁高龄。回想二十几年前我第一次见到他时的样子，以及有关他如何坚持激烈运动的传闻，我不禁联想到一艘撞在礁石上的快速帆船。"巴索发现，这位剧作家虽然已经行动不便，"但依然仪表堂堂，6英尺高的身体瘦长笔挺，态度从容镇定，带着一副威严气势。在我认识的人当中，面部表情既那么泰然自若，同时又那么几乎令人难以相信地热切专注，恐怕他是独一无二的，这主要得力于那双眼睛。"

巴索写道，但是奥尼尔又有一种神奇的笑容，这使他同时具有开朗的一面。"微微一笑，他的脸立即会显得容光焕发。按伯克·克劳斯的说法，它的笑容能使四壁生辉。"在这几个月的时间里，巴索发现奥尼尔双手和双臂的情况时好时坏，有时依然颤抖得厉害，显得很不灵便。总的说来，一望便知他是个"患了颤抖病的人。连擦火柴都很困难，有时甚至严重到拿起杯子就要把杯子里的水全部泼光的程度"。

奥尼尔告诉巴索说："这种折磨人的颤抖病，病根早就有了，现在只不过是恶化了罢了。"早在年轻时，他的手就有轻微颤抖的现象。他母亲也有同样的毛病，情况和他一样，奥尼尔说，这毛病可能是遗传性的。"但是有一点可以肯定，"奥尼尔对巴索说，"我的酗酒习惯只能加剧它的发展。"奥尼尔指着那张整整齐齐的书桌告诉他说，一旦手不抖了，一旦又能握笔的时候，他就会继续写下去。巴索听到这句话，心头一阵痛楚。"只有在写作的时候，我才是有生命的，"奥尼尔说，"我不需要休假。对于我来说，写作就是生活中的休假。"

书桌是用淡色木料制成，很有现代风格。"看着这张书桌，令人不禁产生一种感伤情绪，"巴索在笔记本中写道，"奥尼尔把放在抽屉里的笔记本拿给我看。笔记本是用红皮封面夹着的，里面记载着他准备写但现在又不得不放弃的那个组剧的梗概。在他这次生病之前，他的字迹小得几乎非得用放大镜才能分辨清楚，但是十分娟秀。"

采访的后期，奥尼尔有一次谈到做剧作家的感受。那是秋末的一个傍晚，暮色已经降临曼哈顿。他说他从未看过自己写的戏剧的正式演出。但是排练时他是一直陪着的——直到最后的彩排——对表演、导演、服装、灯光、舞台设计等等提出自己的意见和建议。然后，那就看他们的了。

"写完一部戏之后，"奥尼尔停顿了一会儿说，"一旦开始彩排，这部戏就开始离开了你。不论演出多么成功，演员的表演多么精彩，有些东西却从此丧失了——心目中的那出戏，你想象中的那出戏。""我觉得现在的演技已经不如以前，"奥尼尔继续说，"按演员的类型选择演员不是一件好事。叫演员在舞台上按自己的本色表演不是个好办法。根本就不该这么做，这对戏剧创作也不利。这样做，写戏的人就得按照演员的情况拼凑出他的人物，而不是把活生生的人物写进他的剧本。不过，我的剧本，写得好与不好暂且不说——我希望有几部还算可以——我是尽力这么写的。我总是尽力把我的人物写出来，而不是拼凑出来。有时候我之所以会对演员感到失望，原因就在这里——我想象中的人物太真实、太富有生命了。"

这两位作家接着又谈到了长度问题。长度问题一向是写小说时要考虑的问题，不过巴索觉得，这个问题对于戏剧创作也许更为重要。"至于长度——我看，"奥尼尔说，"如果想抓住观众的心，连三分钟都抓不住，那么这三分钟也嫌长。如果你能让他们安安静静地听上三个小时，那么即使是三个小时也不为过长。"

这次访问竟成了巴索最后的一次访问。他们原准备还要继续见面，但还没来得及见面，巴索就接到电话，通知他奥尼尔病了，无法继续晤谈。幸好，巴索已经收集到足够的材料，所以还是完成了那篇特写。巴索把手稿送交奥尼尔审阅，得到他的首肯之后，于次年2月和3月刊载在《纽约人》杂志上。

奥尼尔之所以得病、突然中断了这次连续采访，与他和卡洛塔生活中一件不愉快事件有着间接的关系。一天下午，他们正在起居室里招待几位朋友。这时电话铃响了，按以往惯例，是由卡洛塔接的。

"奥尼尔，是你的电话，"卡洛塔说，话音里多少带点讥讽，"是你的一位老朋友。"卡洛塔之所以话音里带着讥讽，是有她的道理的。自从两年前回到纽约以来，许多老朋友都千方百计要来找他，有的是老同学，有的是"地狱"酒馆里结识的伙伴，也有普罗文斯剧团里的老相识，有的是想借钱，有的是有事相托，还有的仅仅是想见见而已。

那天下午打电话来的人并非是一般的"老朋友"。她是M.艾琳娜·菲茨杰拉德，曾与罗伯特·埃德蒙·琼斯、肯尼思·麦克高恩以及奥尼尔，于1921年在纽约共同开办了普罗文斯顿剧院。"我们之所以能够在一起合作，"麦克高恩1955年在纽约逝世之前说道，"并且相处得不坏，都是菲茨的功劳。大家都爱菲茨，菲茨也爱大家，不过，谁如果不讲道理，那她可不答应。"埃德蒙·威尔逊说过，菲茨杰拉德小姐"虽然讲究实际，但却是一个地道的理想主义者，凡是认识菲茨的人，都曾被她的高尚品质所感动，有了这种高尚品质，痛苦、失望等等，仿佛都会退避三舍。"

卡洛塔是否理解上述这一切，是值得怀疑的。奥尼尔挂断电话以后，他们之间马上发生了争吵。奥尼尔为菲茨辩护了几句，也为其他老朋友辩护了几句，卡洛塔的嫉妒心情越发变得不可收拾。最后，卡洛塔跑了出去，晚上没有回来，第二天仍未回来。

奥尼尔此次为何对卡洛塔大发雷霆，态度如此粗暴，卡洛塔曾有她自己的解释。据她说，20世纪40年代期间，奥尼尔经常想到死，心情一直不得安宁，因此一直无法写作。仅此一端，便足以使他性格暴躁，行为乖戾。

阿格妮丝在与奥尼尔结婚不久之后，便发现他有虐待狂的明显症状。他好几次动手打了她。卡洛塔也曾对朋友说过，奥尼尔的心情有时会随着月亮阴晴圆缺的变化而变化。第三次结婚之后，虐待狂的症状依然时有发生，这也是意料之中的事。一般说来，他性格温和，说话轻声轻气，甚至像个小孩，但有时却会突然变化。据目击者说，他的行为甚至可以说是野蛮。待到平静之后，他又会愧疚得无地自容，痛苦万分。

卡洛塔和阿格妮丝都曾说过类似的话：奥尼尔和许多性格敏感的人一样，有时会变得非常残酷。她们觉得真正敏感的人可能具有截然相反的性格，几乎能在同一时刻既喜又悲，既爱又恨，既残酷又温柔。有许多人曾经说过，奥尼尔之所以对女人具有强烈的吸引力，就在于他的这种既残酷又温柔的奇特性格。

一次沙恩来访，门房打电话通知奥尼尔夫妇，然后回答沙恩说，奥尼尔夫妇不在家。沙恩不相信，于是径直上楼敲奥尼尔的房门，没有回音。沙恩在门厅里来回踱步，等了几个钟头。后来奥尼尔的律师阿隆伯格来对沙恩说，他应该离开这里，因为他父亲不想见他。他们争论了几句，但沙恩最后还是不得不离开。

3. 遗嘱

将近4月中旬的时候，卡洛塔的情况已有好转，她在波士顿谢尔顿饭店给奥尼尔打了一个电话。据奥尼尔一个朋友的回忆，他在一天下午来到奥尼尔的病房时，发现他"满面笑容"。

卡洛塔对一家全国性的杂志记者说，奥尼尔不断给她写情书，还送了许多红玫瑰给她。她说她爱奥尼尔，并觉得奥尼尔需要她胜过其他一切。科索尔医生和卡洛塔都相信不出三个星期，他们就能重归于好。

4月23日是奥尼尔和卡洛塔之间这场官司最后见分晓的日子。卡洛塔的律师曾对记者说，如果不撤销所谓"对精神病患者实行监护"的诉讼，卡洛塔就将控告奥尼尔、奥尼尔的律师以及莫尔医生相互勾结对她进行迫害。

在纽约，奥尼尔对他朋友说，他要回到卡洛塔身边去。卡洛塔会照顾他的。除了卡洛塔，他如今已经没有任何亲人。这场法律争端终于平息，彼此终于达成谅解。

5月14日之后的这个星期，奥尼尔与他的许多老朋友告别，他与这些老朋友曾经多年未见，而且他也知道，以后可能再也不会相见。要与这些老朋友告别，那是一件非常令人伤心的事，其中又以萨克斯·康明斯最使奥尼尔感到难受——他的儿子是以奥尼尔命名的。康明斯希望能送奥尼尔上火车，但奥尼尔坚持在医院的病房里告别。当康明斯离开病房之际，奥尼尔仅仅作了如下的解释："我之所以回去，那是命运的安排。"然后，在两人相互拥抱时，奥尼尔说："再见了，我的兄弟。"

奥尼尔的律师阿隆伯格陪同奥尼尔一起去车站。"我们从未谈过文学这一类的事，"阿隆伯格说，"我和奥尼尔常常喜欢一起出去痛痛快快地玩玩。以前，我们一起进行过一次为期六天的自行车比赛，我们常去看田径比赛，尤金的赌注最多只有两块钱。他主要是喜欢看比赛的热闹劲。有许多个晚上，我们一起去那些时髦的娱乐场所玩。我所看到的奥尼尔，完全不同于许多人笔下的奥尼尔。他是个值得结交的朋友，是个令人愉快的伙伴。他是个好人，他喜欢尽情地玩个痛快。"

根据报纸的报道，卡洛塔卖掉了"马布尔黑德那幢价值10万美元的房子"，住进了波士顿一家公寓旅馆，"从而避免因用人问题而造成的种种困难。"阿隆伯格宣布："这对夫妇之间的一切诉讼都已撤销。"几天之后，阿隆伯格收到一封由奥尼尔签字的信，通知他今后不再是他的律师。

奥尼尔离开多克特医院11天之后，他签署了一份新遗嘱。这份遗嘱与以前阿隆伯格担任律师时他所签署的那份遗嘱大不相同。卡洛塔被"提名并被指定"为遗嘱执行人。他的一切财产，"不论其性质如何"，他都一概赠予卡洛塔。有关他的丧葬的遗嘱则完全无视奥尼尔家的墓地是在新英格兰这样一个事实——而且，他还在那里立了一座很有气派的墓碑。奥尼尔在遗嘱上的签字是用一只颤抖得非常厉害的手写下的。精神病专家科索尔医生是在场的见证人。

4. 查理·卓别林

9月中旬，乌娜和查理·卓别林前往欧洲作为期六个星期的访问，途中经过纽约。一天下午他们去看望了沙恩和凯西。他们在纽约期间，正值卓别林的新影片《城市之光》在那里举行首演式，沙恩和凯西应邀参加了首演式，首演式结束之后又出席了一次晚会。乌娜和沙恩分别已近七年之久。

首演式后的这次晚会是由《纽约人》杂志撰稿人丽莲·罗思在上东区她的家中举行的。除了沙恩和凯西之外，乌娜还要求丽莲·罗思邀请了阿格妮丝和她丈夫麦克·考夫曼，以及她学生时代的几位朋友。罗思小姐当时正在撰写一篇有关卓别林的特写文章。

那时从华盛顿传来的消息说，总检察官将对卓别林被控进行颠覆活动一案进行调查，然后才能决定是否允许他重返美国。这一消息多少有点破坏了晚会的欢乐气氛。卓别林对出席晚会的一些朋友说，他一贯热爱美国，他还向他们指出，他为了帮助美国赢得这场战争，曾出售了价值数百万美元的战争公债。

第二天下午，凯西带着三个孩子来到卓别林夫妇在雪利旅馆的下榻处，乌娜准备了冰激凌和蛋糕招待孩子，还准备了一些礼物。她送给莫拉和希拉的礼物是童话中公主穿的漂亮衣服，送给小特德的礼物是一只玩具熊。

1952年9月23日，卓别林一家带着一大群仆人，乘坐"伊丽莎白女王"号邮轮开始了他们的豪华旅游。抵达伦敦滑铁卢车站时，他们受到了一大批热情群众的欢迎。乌娜听到一个报贩子用伦敦土话大声叫道："欢迎你，查理。"卓别林的心情大为好转。他们抵达沙法利旅馆时，动用了17名警察才得以拦住欢呼的人群。根据《纽约时报》记者克里弗顿·丹尼尔的报道，卓别林此时热泪盈眶。

这是乌娜首次出国。卓别林带她登上沙法利旅馆的最高层，把伦敦的名胜一一指点给她看。伦敦是卓别林在贫困之中出世的地方，伦敦也是乌娜父亲在将近四分之一世纪之前，在百慕大与她和沙恩以及阿格妮丝告别之后来过的地方。

7个月之后，卓别林改变了原来的计划，宣布他将不再重返美国，乌娜于是也放弃了美国国籍，变成了英国臣民。

1952年夏天，奥尼尔由于迫切需要现款，同意出版《月照苦命人》。他需要一名经过特殊训练的护士每天照顾他8小时。卡洛塔对巴雷特·克拉克的未亡人说，其余这16小时都是由她照料。她说但愿她的钱和她的精力能够经得住这样的消耗。

《月照苦命人》没在百老汇上演就先行出版，这打破了奥尼尔给自己立下的先例。在一篇序言中，奥尼尔写道："在目前情况下，我无力给予演出以应有的关注，从而保证演出的质量。"他说没有上演该剧的计划。

记者纷纷求见奥尼尔，请他发表意见。卡洛塔将他们一概拒之门外。"我们不愿再受到廉价宣传的干扰。"她对他们说。她对那些大肆渲染他们之间的不和以及离异的新闻报道非常恼火，指责这些报纸以大量篇幅报道他们离异，但对他们和好却又那么吝惜笔墨。

奥尼尔离开纽约之后，有两个冬天都是在谢尔登旅馆的房间里度过的，就和他小时候的情形一样。据卡洛塔说，她每天亲自给奥尼尔洗澡、穿衣，然后再把他背到窗前，让他眺望查尔斯河。天气晴朗的时候，奥尼尔能够看到哈佛的划艇队在河上练习划艇。奥尼尔一般要在窗边坐上好几个小时，然后再由卡洛塔把他背上床。

5. 永别

1952年与1953年之交的那个冬天，阿格妮丝和她丈夫前往墨西哥居住。两人都在写作。冬天将尽的时候，他们获悉有人擅自闯入她在愉园的老屋。警察经过调查，发现原来是沙恩一家搬了进去。他们在纽约又落到山穷水尽的地步，沙恩卖掉了一切可卖的东西。出售斯皮特黑德后分得的1.5万美元已经用得干干净净。沙恩和凯西，还有他们的孩子，好像命中注定似的，再次像吉普赛人那样，到处流浪，永远没有一个固定住处，永远生活在贫困之中。

1953年6月25日，愉园的警察根据新泽西州的法律，将沙恩列入吸毒犯的名单。沙恩登记时填写的年龄是33岁，固定住址是纽约东

22条街30号，职业是纽约中心街爱迪生电气公司的装配工。据他对警察说，他已不再吸毒。

大约过了两个月之后，沙恩和凯西接到乌娜一封信，乌娜告诉他们她在1953年8月24日生了第五个孩子，也是她的第二个儿子，她说她准备为他取名尤金，不过她并没有提到她父亲。

沙恩成天漫无目的地在愉园和纽约之间来回游荡，常常整夜在曼哈顿街头转悠。有好几次，他被警察抓去。由于他显得神情恍惚，又说不清住家地址，结果给送到了贝利弗。

奥尼尔为他子女的遭遇所感到的痛苦，只有几个最亲近的朋友了解。他既没有表示不满，也没有对他们进行指责。尽管他的病情越来越重，心情越来越忧郁，但他对他们依然只字不提。

他逝世前的一年，和卡洛塔在波士顿谢尔登旅馆里销毁了全部组剧中的至少六部。他将生命的一部分献给了这组剧本，并已完成了每个剧本的第二稿，但是他显然意识到他来日无多，已经无法完成。

"我并不是不信任你，"卡洛塔曾引用奥尼尔对她说的话，"但是你说不定哪天就会突然倒下，或者遇上车祸，或者发生其他什么事，而我是绝不愿意让任何其他人来代我完成我写的这些剧的。"这些剧都已完全写好，卡洛塔说，但是依然需要进行一些删节和修改。"我们在一起把这些剧本一点一点地撕碎，"她后来透露说，"我帮着他撕，因为他的手颤抖得厉害，一次最多只能撕上几页，非常令人痛心。仿佛是在撕自己的孩子。"

当有人问她是否劝阻过奥尼尔的时候，她用强调的语气回答说她没有。如果那样做，她说，岂不是太不通情理了。仿佛是要在自己的心中澄清一下她与奥尼尔的那种奇特关系，又仿佛是要向别人进行解释，卡洛塔用不容辩驳的语气说道：他是一个作家，同时也是丈夫——仿佛其他的话都不必再多说了。

1953年11月末，尤金·奥尼尔丝毫没有表现出即将死亡的预兆。11月26日，星期四的晚上，奥尼尔的病情突然恶化。他的护士守在床头，卡洛塔请来了科索尔医生。27日凌晨3点，他的脉搏转弱，呼吸困难。1953年11月27日凌晨3时刚过不久，他的脉搏最后停止了跳动。他那颗疲惫的心脏终于休息了。守在床边的有他的妻子、他的护士和他妻子的精神病医生。

戏剧公会的新闻代表约瑟夫·海特此时正在长岛家中酣睡，电话铃突然响了，是科索尔医生打来的。卡洛塔请他打电话，把奥尼尔的死讯通知海特。科索尔医生把奥尼尔临终前的具体情况说了一下。科索尔医生说，经诊断，死亡的原因是支气管肺炎。"但是你知道，海特，"科索尔医生说，"奥尼尔本来是可以不死的。但是他好像不愿意再活了。他放弃了努力，所以死了。他不愿再挣扎了。"

卡洛塔要求马萨诸塞州综合医院对奥尼尔的尸体进行解剖。不仅卡洛塔希望知道奥尼尔究竟得的是什么病，就连把他的病当做帕金森综合症治疗的数十名医生也希望知道。卡洛塔始终认为他年轻时所经历的苦难生活是他致病的根源。"他喝了过多的劣质酒，身心疲劳过度，缺乏营养，有时甚至连一张睡觉的床也没有。"解剖结果没有公布，但据卡洛塔说，有迹象表明他患有遗传性神经疾病。实际上，帕金森综合症与天花、猩红热等疾病不一样，它本身不是一种独立的病症，是多种病症的结合。

奥尼尔的症状非常典型：讨厌的颤抖现象，主要神经节受损。他还患有动脉硬化症。为他治过病的一位医生至今坚持说他得的是帕金森综合症。奥尼尔本人好像倾向于认为是遗传性神经疾病，并在逝世前六年这么对汉密尔顿·巴索说过。一位医生还曾说过，奥尼尔对自己的疾病有一种迷信看法，他似乎觉得这是他命运的一部分，是他那奇特命运的一部分。也许确实如此。

卡洛塔宣布，有关葬礼的计划将是"家庭秘密"。她说，根据她丈夫的遗愿，举行葬礼的时间与地点都将不予公布。她对旅馆、殡仪馆、仆人、朋友、医生、护士等等，都一再严格叮嘱，有关葬礼的一切事宜一概不得向任何人透露。奥尼尔去死后第二个星期的星期三，沙恩看到美联社发自波士顿的一条消息，内中提到"奥尼尔遗孀的精神病医生"———一位名叫哈里·科索尔的医生说他和奥尼尔太太一起参加了葬礼。

"奥尼尔太太希望你们知道，"科索尔医生在一份准备好的声明中说道，"她丈夫已经安葬在弗里斯特的公墓，一切都严格按照他生前的愿望和嘱咐办理。"不久之后，卡洛塔在一次接受记者采访时稍许透露了一些有关奥尼尔之死以及他的葬礼的内情。她解释说，对他的葬礼之所以没有大肆声张，也没有举行公开的仪式，因为这是他本人的遗愿。事实上，他曾特地嘱咐说，他死后停放在哪家殡仪馆，埋葬在什么地方，一概不要向任何报纸或个人透露。"他希望在他下葬的时候，除了我和护士以外，"卡洛塔说，"不要让任何其他人在场，他也不要任何宗教代表在场。"

奥尼尔显然决定不葬在新伦敦他家族的那块墓地。卡洛塔和她的律师于是选了波士顿附近的一个公墓。这位剧作家希望他的妻子今后能和他葬在一起，并且生前就画好了一幅墓碑图样。在他设计的墓碑上，只有他们的出生日期和地点，并留下两行位置准备以后刻上他们死亡的日期，最后的几个字是：永远安息。

对这个埋葬着她的丈夫，同时也将是她今后安息之地的公墓，卡洛塔是这么描述的：那是一个美丽的地方，有参天的古树，有大朵大朵的杜鹃花，有盛开的山茱萸。她觉得这是一个很舒适的地方，她和别的孤身女人一样，到了这地方会减少许多孤独之感。以后每逢她丈夫的忌日，她都要到这里拜祭。

奥尼尔一生坚持不懈地追求戏剧艺术的革新，他将戏剧从中世纪的传统束缚中解放出来，使之能够在现实生活中扎根、成长。他第一次将现实主义乃至自然主义的写作手法运用于美国戏剧的创作中，他的艺术风格以形式多样和精深圆熟而著称。

他博览群书，文化底蕴深厚，深谙西欧戏剧传统。他一生共创作独幕剧21个，多幕剧28部，从古希腊悲剧和莎士比亚的戏剧中汲取了丰富的艺术养分，使20世纪前期的美国文艺界出现了"戏剧的黄金时代"，为美国乃至整个世界戏剧发展做出了重大贡献。

附录

尤金·奥尼尔生平

尤金·奥尼尔是美国著名的剧作家。1888年10月16日在纽约百老汇大街附近的一家小旅馆里，奥尼尔出生了。他的父亲是一位在当地有一定知名度的演员。奥尼尔幼年时经常跟着父亲随剧团到全国各地巡回演出，可以说是居无定所，四海为家。在随后的几年中，他曾在几所寄宿学校学习，并考入普林斯顿大学。在大学求学期间，因打破一个当地高官家里的窗户玻璃而被学校开除，从此过上颠沛流离的生活。他当过缝纫工、矿工、包装工，甚至水手。他还曾经到过洪都拉斯淘金，随船到过非洲和中国，还曾当过记者。1912年，在他患肺结核住院期间，他研读了许多戏剧经典作品，勾起他创作的欲望，从此他开始戏剧创作。1914年至1915年，奥尼尔进入哈佛大学开办的戏剧写作班进行脱产学习。结业后，他当上了马萨诸塞州普罗温斯剧团的编剧。

奥尼尔的戏剧创作生涯是以写航海为背景的独幕剧开始的。1914年，他的第一个剧本《东航卡迪夫》在剧场上演，随后他又相继发表了《远航归来》、《鲸脂》以及《加勒比海的月亮》三部独幕剧。奥尼尔前期作品中的优秀剧作除了《东航卡迪夫》外，还有多幕剧《天边外》、《琼斯皇帝》、《安娜·克里斯蒂》以及《毛猿》等。这一时期的剧作主要描绘了他作为水手时候的经历，抒发了他对生活的感悟。

在《琼斯皇帝》和《毛猿》两部作品中，他还开始尝试用表现主义的写作技巧，这在当时的美国是被看做胆大妄为的行为。《天边外》以及《安娜·克里斯蒂》两部作品先后荣获了普利策奖。他中期的剧作主要有《上帝的女儿都有翅膀》、《榆树下的欲望》、《财主马可》以及《奇妙的插曲》等。这些剧作大多采用了象征主义的写作手法，表现了利与爱、生与死的矛盾冲突，其中《奇妙的插曲》使他第三次获得了普利策奖。奥尼尔晚期的主要作品有《哀悼》、《啊，荒野！》、《无穷的岁月》、《送冰人来了》、《进入黑夜的漫长旅程》等。

奥尼尔一生坚持不懈地追求戏剧艺术的革新，他将戏剧从中世纪的传统束缚中解放出来，使之能够在现实生活中扎根、成长。他第一次将现实主义乃至自然主义的写作手法运用于美国戏剧的创作中，他的艺术风格以形式多样和精深圆熟而著称。他博览群书，文化底蕴深厚，深谙西欧戏剧传统。1936年，"由于他那体现了传统悲剧概念的剧作所具有的魅力、真挚和深沉的激情"，尤金·奥尼尔获得了诺贝尔文学奖。1953年11月27日，奥尼尔在波士顿去世。

获奖时代背景

1936年的国际形势可谓阴雨密布，第二次世界大战正在不断酝酿之中。不管是中国还是欧洲各国都处于纷繁动乱之中。就在第一次世界大战后的这20年间，资本主义各国经济政治力量发展出现严重的不平衡，德国与日本的工业发展相对比较突出，经济实力较之其他国家明显增长；而英、法、美等国则先后出现了一定程度的停滞局面。特别是资本主义世界发生了两次严重的经济危机，更使得这些资本主义国家经济上雪上加霜，国内矛盾非常尖锐。为了摆脱经济、政治和社会危机，德、意、日法西斯统治的国家先后走上了国民经济军事化的道路，在政治上也日益趋于法西斯化，随后，国际社会形成了美、英、法和德、意、日两大政治军事集团。

这个时候的德国已经不甘心"凡尔赛和约"对其战败国的严惩以及限制，暗中加紧恢复本国的国力；战胜国意大利由于未能得到英法所许诺的领土而耿耿于怀；另一个战胜国日本对华盛顿条约对它的严格限制也充满怨恨，在亚太地区与英美展开新的角逐，准备向中国进行侵略扩张。英法美等主要战胜国则在如何处理德国问题上存在着严重分歧。

面对这些法西斯国家的侵略行径，英、法、美等国为了维护凡尔赛—华盛顿体系中的既得利益，同时出于对社会主义苏联意识形态上的仇视，尽可能将法西斯"祸水东引"，以牺牲那些弱小国家利益来满足这些法西斯国家的扩张欲望。这种纵容侵略的绥靖政策，助长了那些法西斯国家的嚣张气焰，加速了第二次世界大战的全面爆发。出于自身国家利益的考虑，为打破英法"祸水东引"图谋，在与英法构筑集体安全失败后，苏联也采用了"祸水西指"的办法，与德国签署了《苏德互不侵犯条约》，这种中立自保的措施进一步加速了大战的全面爆发。

而此时的法西斯政权也在内外交困的时局中不断发展壮大，他们对内极权统治，对外侵略扩张、争霸世界。德、意、日法西斯统治者为实现重新瓜分世界、扩大自己势力范围的企图，不惜发动人类历史上规模最大的世界大战。德国从1933年希特勒获得独裁权力后疯狂进行扩军备战。1936年德国进兵莱茵河军事区，并伙同意大利武装干涉西班牙内战；1936年意大利吞并了埃塞俄比亚。

而在亚洲，此时的日本经过精心的策划，采用嫁祸于人的手法已经在中国制造了"九一八"事变，紧接着全面占领了中国的东北。继而又发动了全面的侵华战争。"卢沟桥事变"之后，中国成为亚洲反法西斯的主战场。由于侵华战争旷日持久而未达到预期的结果，日本决定利用欧洲列强无暇东顾夺取其在远东的利益。

尤金·奥尼尔年表

1888年10月16日，尤金·奥尼尔出生于纽约。

1897年，奥尼尔开始寄宿学校的学习。

1906年，奥尼尔进入普林斯顿大学。

1907年，奥尼尔因打破一地方高官家的窗玻璃而被学校开除。

1912年，奥尼尔患肺结核住院。

1914年，奥尼尔进哈佛大学开办的戏剧写作班学习。

1914年，奥尼尔的第一个剧本《东航卡迪夫》上演。

1915年，奥尼尔大学结业，当上马萨诸塞州普罗温斯剧团的编剧。

1917年，奥尼尔发表了《远航归来》、《鲸脂》和《加勒比海的月亮》三个独幕剧。

1918年，《天边外》获得普利策奖。

1920年，《安娜·克里斯蒂》是奥尼尔第二次获得普利策奖的现实主义戏剧。

1926年，奥尼尔发表了一部象征主义戏剧《大神布朗》。

1928年，《奇妙的插曲》是奥尼尔第3次获得普利策奖。

1931年，奥尼尔完成一部著名的长剧《哀悼》。

1933年，奥尼尔写了一部喜剧《啊，荒野！》。

1936年，奥尼尔获得诺贝尔文学奖。

1939年，奥尼尔写了一个比较重要的剧本《送冰人来了》。

1953年11月27日，奥尼尔在波士顿去世。

1956年，《长夜漫漫路迢迢》这部带有自传性的剧作又一次获得普利策奖。

获奖当年世界大事记

（1936年）

1936年1月20日，英皇乔治五世逝世，爱德华八世被加冕为英国国王。

1936年1月23日，中国中央红军陕甘支队与陕北红军组成中国人民红军抗日先锋军，东渡黄河，开始东征。

1936年2月6日，冬季奥运会在德国加米施帕腾基兴开幕。

1936年3月7日，德军违反"凡尔赛条约"进驻莱茵兰。

1936年4月9日，张学良与周恩来密谈合作抗日。

1936年5月5日，国民政府颁布《中华民国宪法草案》。

1936年5月5日，意大利军队攻占埃塞俄比亚首都。

1936年5月28日，艾伦·图灵发表《论可计算数及其在判定问题上的应用》，提出图灵机模型。

1936年6月3日，埃德加·斯诺以《每日先驱报》特派记者的身份来到陕北。

1936年6月30日，中国红二、六军团与红四方面军于甘孜会师。

1936年7月17日，西班牙保守军官发动暴乱，西班牙内战爆发。

1936年7月26日，轴心国决定干预西班牙内战。

1936年8月1日，第十一届奥运会在德国柏林举行。

1936年10月9日，红军一、二、四方面军在甘肃会宁会师。

1936年10月25日，德国和意大利签订《柏林协定》，形成"柏林－罗马"轴心。

1936年11月25日，日德两国在柏林签署日德防共协定。

1936年12月5日，苏联颁布新宪法，标志着社会主义制度在苏联确立。

1936年12月12日，西安事变，又称双十二事变。